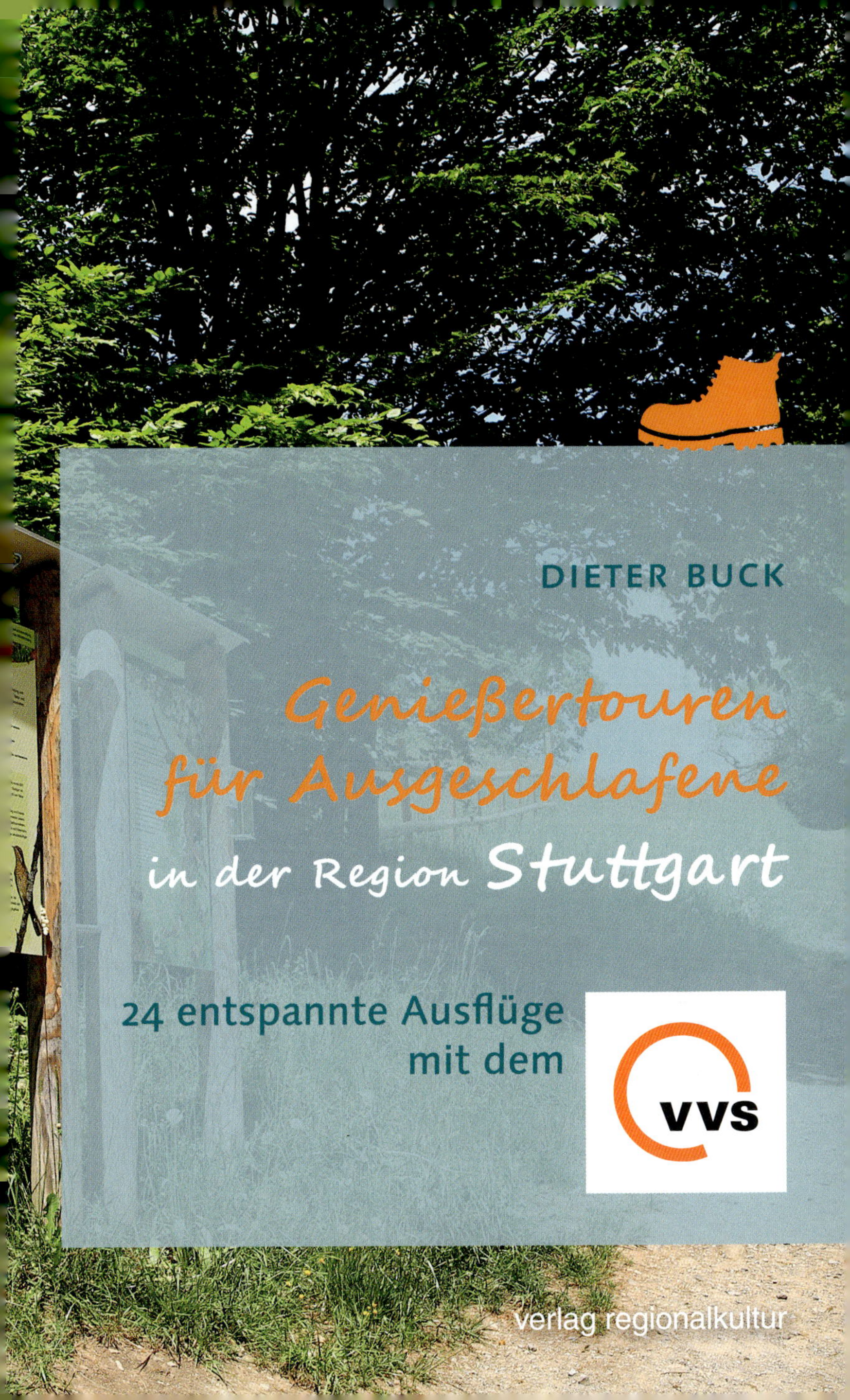

DIETER BUCK

Genießertouren
für Ausgeschlafene
in der Region Stuttgart

24 entspannte Ausflüge
mit dem

verlag regionalkultur

Vorwort

Liebe Leserinnen und Leser,

einfach mal raus und etwas anderes sehen: Manchmal reicht ein Nachmittag aus, um einen gelungenen Ausflug zu erleben und Neues zu entdecken.

Und das Beste: Bahnen und Busse bringen Sie einfach, bequem und umweltfreundlich zum Ausgangspunkt der Tour und vom Zielort wieder nach Hause. Dies hat gerade bei kurzen Ausflügen den Vorteil, dass der Wanderer nicht – wie beim Auto – zum Startpunkt zurück muss. So lässt sich ein größeres Gebiet erkunden. Die Nachmittagstour mit Bus und Bahn wird so abwechslungsreicher als eine Rundwanderung mit dem Auto.

Neben Klassikern wie einer Fahrt mit der Stuttgarter Standseilbahn, einem Abstecher zu den Bärenseen oder

Hoch über der Tälesbahn thront die Ruine Hohenneuffen.

einer Tour zum Seeschloss Monrepos bei Ludwigsburg ent-
halten die 24 Touren für Ausgeschlafene auch Tipps abseits
der bekannten Wege. So lockt das Schloss Filseck im Landkreis Göppingen oder eine Tour mit dem »Wiesel« bei Miedelsbach im Rems-Murr-Kreis.

Für kleine Höhepunkte unterwegs sorgen sorgfältig aus-
gearbeitete Tipps des beliebten Wanderbuchautors Dieter
Buck. So erfahren Sie genau, an welchem Aussichtspunkt
sich eine Rast lohnt und wo am Wegesrand Kulturdenk-
mäler zu finden sind. Auch die Tipps zur Einkehr hat der
erfahrene Autor sorgfältig recherchiert.

Wir wünschen Ihnen erholsame Stunden in der Natur,
ein gutes Wanderwetter, eine bequeme Anreise mit den
Bahnen und Bussen des VVS – und unterwegs viele schöne
Erlebnisse zum Genießen und Weitererzählen.

Thomas Hachenberger   Horst Stammler
VVS-Geschäftsführer   VVS-Geschäftsführer

VVS-Tipps für Ihren Ausflug

In Stuttgart und den angrenzenden Landkreisen Böblingen, Esslingen, Ludwigsburg und dem Rems-Murr-Kreis bilden S-Bahnen, Stadtbahnen und Busse ein gut ausgebautes Netz öffentlicher Verkehrsmittel. Und das bei Tag und Nacht – egal, womit man fährt. Seit der Integration des Landkreises Göppingen gilt dort der VVS-Tarif im gesamten Netz.

Günstig fahren mit dem Einzel- und GruppenTicket

Für Ihren Ausflug mit Bus und Bahn bieten sich die VVS-TagesTickets an. Einzelpersonen oder Gruppen bis zu fünf Personen können mit dem TagesTicket Netz durch das gesamte VVS-Gebiet fahren. Sie können an den Automaten, in VVS-Verkaufsstellen, beim Busfahrer oder preisgünstiger online zum Ausdrucken am PC bzw. als HandyTicket über die VVS-App gekauft werden.

Zahnradbahn mit Fahrradwagen: die »Zacke« am Stuttgarter Marienplatz

Über die App VVS Mobil können Sie einfach und günstig Tickets kaufen sowie Ihre individuelle Verbindung abrufen.

Hygiene-Tipps für unterwegs

Mit einfachen Maßnahmen können Sie helfen, sich selbst und andere vor Infektionskrankheiten zu schützen: Achten Sie auf Hygiene beim Husten und Niesen, reinigen Sie sich regelmäßig die Hände, halten Sie Abstand und tragen Sie in Bus und Bahn einen Mund- und Nasenschutz.

Komfortable Planung mit der VVS-Fahrplanauskunft

Wie Sie am besten mit Bus und Bahn zum Startpunkt der Wanderung und später wieder nach Hause kommen, erfahren Sie im Kasten »Infos« am Rand der jeweiligen Tour. Die Verbindungen sind immer ab Stuttgart Hauptbahnhof angegeben. Unter vvs.de können Sie über die Fahrplanauskunft Ihre persönliche Verbindung abrufen.

Fahrplanauskünfte für unterwegs

Aktuelle Auskünfte erhalten Sie bequem auf Ihr Handy über die VVS-App für iPhone und Android sowie unter vvs.de. Wer die VVS-App installiert hat, kann unterwegs den umfassenden Service der VVS-Fahrplanauskunft nutzen und

S-Bahn- und Bus-Verkehr am Porsche Museum in Stuttgart-Zuffenhausen.

Tickets einfach und günstiger mit dem Handy kaufen. Auskünfte erhalten Sie auch über unseren Telefonservice unter 0711/19449.

Ausflugstipps für die Region Stuttgart

Wandern, Radfahren, Städtetour oder ein Besuch im Museum? Unsere Region ist schön und hat für jeden Geschmack viel zu bieten. Lassen Sie sich inspirieren! Auf orange-seiten.de finden Sie ausgewählte Ausflugstipps und erfahren, welche Veranstaltungen und Feste Sie aktuell nicht verpassen dürfen.

Das Remstal ist bei Radfahrern und Wanderern gleichermaßen beliebt.

Die Touren

blau = leicht, rot = mittel, **schwarz** = anspruchsvoll

Die **GPX-Dateien** zu den Touren dieses Führers finden Sie auf https://verlag-regionalkultur.de – die Daten sind den jeweiligen Touren zugeordnet.

Stuttgart

Ruhbank (Ferr

‹ Waldau   ‹ U15 Stammheim   ‹

Schlösser und Seen   **1**

Vom Schloss Solitude zum Bärenschlössle

🕐 1¾ Std.

↦ 6,2 km

▲ 20 m

Schloss Solitude
– Rotwildpark –
Bärenschlössle –
Bärensee – Neuer
See – Schattengrund

Wir wandern auf
festen Wegen.

Schloss Solitude;
Rotwild- und
Schwarzwildpark;
Krucksbiegelhütte;
Bärenschlössle; Bä-
rensee; Pfaffensee;
Neuer See

Schloss Solitude;
Bärenschlössle

Zu den schönsten Waldgebieten Stuttgarts gehören der Rot- und der Schwarzwildpark. Unzählige alte und markant geformte Baummethusalems, noch lebend oder abgestorben, Lichtungen, Weiher und Seen erfreuen den Wanderer. Das ausgedehnte Waldgebiet hat auch eine reiche Geschichte als Rückzugsort und Jagdgebiet der württembergischen Herrscher aufzuweisen, wovon nicht zuletzt das Schloss Solitude und das Bärenschlössle zeugen.

Ausgangspunkt der Tour ist die **Bushaltestelle Schloss Solitude** ❶. Wer das Schloss besichtigen möchte, sollte sich am besten vorher nach den Führungszeiten erkundigen und seine Anfahrt danach ausrichten. Die Wanderung beginnen wir bei der Bushaltestelle, etwa in der Mitte des langgestreckten Schlosses. Hier gehen wir bei den WC-Anlagen zwischen den Gebäudekomplexen hindurch.

Zuerst können wir aber Ausschau nach einem Kunstobjekt halten: An der Hausecke ist ein Schild angebracht, das auf die Installation Neumond von Micha Ullmann verweist. Man findet die kleinen Ausfräsungen in den Pflastersteinen, wenn man von der Hausecke aus auf das Schloss zugeht.

Dann aber beginnen wir mit der Wanderung. Wir gehen zwischen den **Wiesen**, die einst ein prächtiger Park waren, auf den **Wald** zu und geradeaus in ihn hinein. Bald überqueren wir die **L 1180** und kommen zum **Kleinen Stern** ❷. Hier geht es auf dem unmarkierten Weg weiter, der rechts vom geradeaus weiterführenden Weg abzweigt. Nach einem querenden Asphaltweg wandern wir mit dem Wanderzeichen roter Punkt in der ebenfalls asphaltierten Küchenallee geradeaus weiter in Richtung »Gerlinger Kopf«.

Wo der Asphaltweg nach rechts abzweigt, folgen wir dem Schotterweg geradeaus weiter. Vor der **Holzskulptur einer Eule** ❸ weisen die Radwegschilder nach rechts, wir folgen aber dem Weg noch kurz geradeaus. Gleich darauf beschreibt er eine Linkskurve und steigt vorübergehend an. Bald sind wir oben; dort treffen wir auf den mit

Schloss Solitude

Das Schloss Solitude (497 m) wurde 1763 bis 1769 als »Maison de Plaisance« unter Herzog Carl Eugen im Rokokostil erbaut. Ihn hat wohl die markante Lage mit der weiten Sicht über das Unterland beeindruckt. Da es hier auch weit und breit keine andere menschliche Siedlung gab, war auch seine Einsamkeit garantiert, und so war auch der Name – Solitude – bald festgelegt. Das Schloss besteht aus einem wuchtigen Sockelgeschoss mit flachbogigen Arkaden und einem verzierten Oberbau. An den beiden Längsseiten führen breite Treppen hinauf zu ihm. In der Mitte befindet sich eine kuppelförmig gedeckte Rotunde. Das Innere des Schlosses kann mit einer Führung besichtigt werden. Auf der Südseite ist das Schloss von einem in flachem Bogen geführten Gebäudezug flankiert. Auf seinen beiden Seiten stehen die Kavaliershäuschen, in denen die Lehrer der späteren Militärakademie wohnten.

Heute noch sieht man auf der Nordseite die schnurgerade Straße, die das Lustschlösschen mit der 12 km entfernten Residenz in Ludwigsburg verband und die das Waldgebiet in zwei Teile gliedert. Sie war einst die Grundlage der württembergischen Landvermessung.

Hier oben war der Vater Friedrich Schillers 20 Jahre lang als Aufseher der herzoglichen Obstgärten tätig und sein Sohn besuchte hier die Hohe Karlsschule, bis sie 1775 nach Stuttgart verlegt wurde. In einem der Häuschen hatte der Bildhauer Fritz von Graevenitz, der Onkel des ehemaligen Bundespräsidenten Richard von Weizsäcker, sein Atelier. Es kann mitsamt einem Skulpturengarten besichtigt werden.

Der Dichter Nikolaus Lenau schrieb 1831: »Jetzt kommt wieder ein Spaziergang, und zwar auf die Solitude, ein einsames Lustschloß des Württemberger Königs, in ziemlich großer Gesellschaft. Im Schlosse wurde gegessen und getrunken, tüchtig. … Nach Tisch lagerten wir alle in einem Walde, die Frauenzimmer sangen, und ich wollte des Teufels werden. Dann gingen wir nach Hause.«

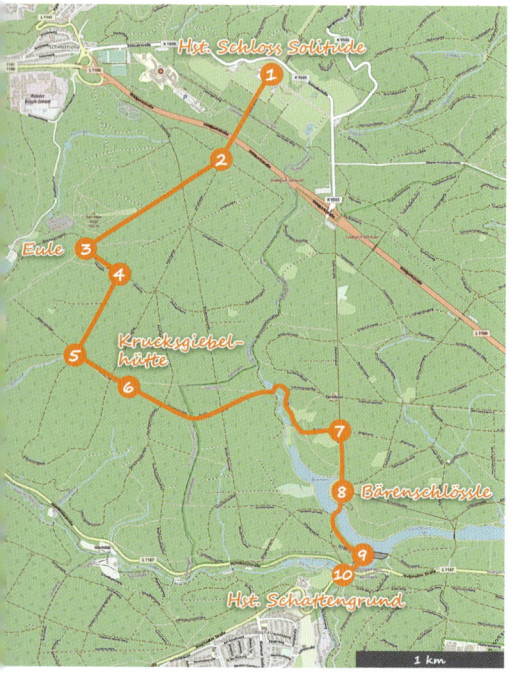

dem roten Hufeisen markierten Weg ④. Ihm folgen wir nach rechts und wandern bis zu einer **Wegspinne** ⑤, wo rechts die Bärenseeallee einmündet. Hier biegen wir links ab.

An der nächsten **Kreuzung** wandern wir an einer **Schutzhütte** (Planhaus) mit Rastplatz vorbei. Nun ändert auch der Wald sein Bild: Sind wir am Anfang durch einen vor allem von mächtigen Eichen und Buchen charakterisierten Wald gewandert, sehen wir jetzt einen Mischwald, der auch Fichten, Birken, Kiefern und andere Baumarten enthält. Immer geradeaus gehend, queren wir das Kaufhaussträßchen und erreichen das Schild, das auf das

Rotwildpark und Schwarzwildpark

Der königliche Rotwildpark (480 Hektar) und der Schwarzwildpark (214 Hektar) gehörten zum Krongut der württembergischen Herrscher. Sie unterstanden bis 1919 dem königlichen Hofjagdamt. Teile der Waldgebiete waren schon die unter Herzog Carl Eugen 1770 bis 1777 beim Schloss Solitude angelegten Tiergärten. Am Bärenschlössle fanden repräsentative Jagden statt, zu denen die fronpflichtigen Bauern monatelang das Wild zusammentreiben mussten. Nachdem zu viel Wild im Wald das Aufkommen junger Bäume verhinderte – beispielsweise waren es bis zu 200 Säue – und nur die alten Bäume übrig blieben, ließ König Friedrich I. 1815 zwei Tiergärten anlegen und mit Rot- und Schwarzwild besetzen. Durch den Verbiss der Tiere entstanden die mehrstämmigen Bäume, die heute mittlerweile auch schon über 200 Jahre alt sind und ein prächtiges Bild bieten. Außerdem findet man bis zu 300 Jahre alte Buchen und 450 Jahre alte Eichen.

Im Winter der Revolutionsjahre 1918/19, als es auch mit der Monarchie zu Ende ging, wurde das Wild abgeschossen, der Zaun abgebrochen und der Wald für die Bevölkerung geöffnet. An die Zeit der hochherrschaftlichen Jagdvergnügen erinnern noch Waldbezeichnungen wie Hirschwiese, Damgarten, Saufang, Königstand oder Herzogsweg.

Heute sind die Parks Teil des Landschaftsschutzgebietes Glemswald. Zusammen mit den Seen und dem prächtigen alten Baumbestand ist die Gegend ein beliebtes Naherholungsziel für naturhungrige Stuttgarter.

»Naturschutzgebiet Rot- und Schwarzwildpark mit Pfaffenwald« hinweist.

Nun wandern wir auf dem Krucksweg. Bald erreichen wir eine kleine **Schutzhütte** 6, die Krucksbiegelhütte. Um sie herum stehen einige markante Baumriesen. Wir queren hier die Bruderhausallee und gehen jetzt etwas abwärts. Bald queren wir das Bernhardsbachsträßle. Hier ginge es nach rechts zum Bärensee. Wir gehen aber in der Sibyllengraballee auf dem Damm zwischen den beiden Weihern weiter. Nach ihnen steigt es an. Hier zweigen wir rechts ab in den Wapitiweg. Nach etwas Bergauf wandern wir links an einer **Lichtung** vorbei; auch hier finden wir mächtige Baumungetüme.

Am Ende der Lichtung steht links ein **Denkmal**, hinter der querenden Bärenstraße eine **Grillhütte** 7 und rechts in der Lichtung sehen wir einen kleinen **Spielplatz** und eine **Grillstelle**. Hier biegen wir rechts ab und gehen auf das

(linke Seite) Vom Bärenschlössle aus hat man einen guten Blick zur Hirschwiese mit dem Fütterungspavillon.

Bärenschlössle

Der erste Bau des Bärenschlössles wurde 1768 als »Ausflugsmöglichkeit« von Schloss Solitude erbaut. Es wurde 1817 abgerissen und später durch einen einfachen Pavillon ersetzt. Er brannte im Zweiten Weltkrieg ab und wurde 1963 zweistöckig wieder aufgebaut.

Nach einem weiteren Brand 1994 wurde das Bärenschlössle 1997 im alten Stil nochmals neu errichtet. Am See unten stand ein Bootshaus für zwei venezianische Gondeln, die der Herzog nebst zwei Gondolieri als »Mitbringsel« von seiner Italienreise mitgebracht hatte.

Parkseen

Der **Pfaffensee** wurde 1566 unter Herzog Christoph angelegt, um den Mühlen im Nesenbachtal eine verlässliche Wasserversorgung zu sichern. Hierzu diente der nach dem Herzog benannte unterirdische Stollen, der das Wasser des Pfaffensees zur Heidenklinge und dann ins Nesenbachtal leitete. 1618 befahl Herzog Friedrich Wilhelm, den Bernhardsbach einzudämmen; so entstand der Bärensee, der auch den Pfaffensee speiste. 1812 staute man noch den

etwas weiter entfernten Katzenbach- und den Steinbachsee auf, 1826 wurde der **Neue See** angelegt. Insgesamt ist diese »Parkseen« genannte Stauseekette rund 3 km lang. Später dienten die Seen der Trinkwasserversorgung bzw. als Wasserreservoir der Stadt Stuttgart. Heute bieten die Seen Flora und Fauna Lebensraum; so findet man rund 60 Wasser-, Sumpf- und Uferpflanzen und Orchideen wie Stendelwurzarten, Weißes und Rotes Waldvögelein und mehr als 26 Vogelarten.

Die Ruine neben dem Bärenschlössle entstand 1775.

INFOS

Wanderkarte SAV
LGL BW 1:25 000,
W228 »Stuttgart«

Wanderkarte
NaturNavi 1:25 000,
50-539 »Stuttgart
Südwest«

www.schloss-
solitude.de

Hinfahrt: S1–S6 bis
Feuersee – Bus 92
bis Solitude; Mo–Fr
morgens stdl., nach-
mittags halbstdl.,
Sa/So stdl.

Rückfahrt: Schatten-
grund – Bus 92 bis
Universität – S1–S3;
Mo–Fr morgens
stdl., nachmittags
halbstdl., Sa/So stdl.

Bärenschlössle **8** zu. Wo der Wald aufhört, können wir uns eine Besonderheit ansehen: Wir gehen am Waldrand kurz nach links, dann führt eine Treppe hinab in den Wald. Dort treffen wir auf ein **Steinhaus**, das wie ein apulischer Trullo wirkt – für Kinder eine willkommene Spielgelegenheit.

Nach einer Rast gehen wir nach dem **Bärenschlössle** ge- radeaus hinab zum **Damm** **9** zwischen **Bärensee** (rechts) und **Neuem See** (links). Nach den Seen folgen wir dem Bärensträßle nach links bis zum **Damm**. Vor ihm zieht berg- ab das Bärensträßle nach rechts. Es bringt uns zu einem **Kreisverkehr**, wo wir auch die **Bushaltestelle Schatten- grund** **10** finden.

Der Bärensee gehört zu den beliebtesten Ausflugszielen in Stuttgart.

Hinab mit dem Erbschleicher–Express

2

Vom Riedsee zur Seilbahn

 1¾ Std.

 6,5 km

20 m

Stuttgart-Möhringen/Riedsee – Waldfriedhof – Seilbahn – Heslach

Einfache Wanderung, meist eben oder bergab. Wir wandern großenteils auf festen Wegen, aber auch auf Naturwegen.

Riedsee; Geologischer Lehrpfad; Schwälblesklinge; Waldfriedhof; Seilbahn; Joseflesweg

In der Nähe des Waldfriedhofs

Hinter dem Riedsee liegt ein großer Spielplatz.

Gleich zu Beginn dieser Tour können wir uns den idyllischen Riedsee ansehen; für Kinder gibt es hinter ihm einen schönen, gut ausgestatteten Spielplatz. Danach wandern wir über die Felder, zwischen Streuobstwiesen und Kleingärten zum Wald. Dort erwartet uns ein interessanter Lehrpfad. Er führt uns hinab zur wilden Schwälblesklinge, danach hinauf zum Waldfriedhof, auf dem einige bekannte Stuttgarter begraben sind. Auch am Ende der Tour erwartet uns eine Besonderheit: Wir können nämlich mit der historischen Seilbahn mit »Holzkomfort« hinabfahren. Alternativ wandern wir auf einem Serpentinenweg hinunter bis zur Haltestelle. Große Teile der Wanderung verlaufen auf dem Möhringer Hexenweg und auf dem Geologischen Lehrweg. Der letzte Abschnitt dieser Wanderung verläuft auf dem »Joseflesweg«, der von der Stuttgarter Straßenbahn AG (SSB) angelegt wurde und gepflegt wird.

Zuerst sollten wir von der **Haltestelle Riedsee** ❶ auf die andere Straßenseite und kurz in Richtung Sonnenberg gehen; der idyllische **Riedsee** ❷ ist bereits von der Haltestelle aus zu sehen. Auf seiner Rückseite befindet sich ein schöner, großer Spielplatz, von dem man Kinder nicht so schnell wieder wegbekommt.

Dann gehen wir wieder zurück zur **Haltestelle** und zur Kirche bzw. dem Wohngebiet auf der anderen Seite der Gleise. Dort halten wir uns rechts.

Nach den Häusern folgen wir dem Weg noch kurz, dann biegen wir links ab auf den Wiesenweg. Vorbei an einer prächtigen **Trauerweide** und der markanten **Eiche** gehen wir bis zu einem querenden Weg ❸. Dort halten wir uns rechts, dann gleich wieder links. Nun wandern wir durch eine Mischung aus Feldern, Kleingärten und Streuobstwiesen bis zu einem Querweg ❹. Dort biegen wir rechts ab.

An der Verzweigung halten wir uns mit dem Zeichen rotes Kreuz links. Vorbei am **Lehrgarten** des Obst- und Gartenbauvereins Möhringen e.V. queren wir den Weg Haldenwies. Nach der links liegenden **Jugendfarm** biegen wir mit dem Zeichen blauer Punkt rechts ab ❺. Wir wandern wieder zwischen Wiesen und Kleingärten. Links sehen wir den Steilhang in Richtung Kaltental, dahinter erhebt sich der Birkenkopf.

Danach kommen wir in den Wald. Wir wandern immer geradeaus, bis der Waldweg nach rechts zu den Häusern zieht ❻. Dort biegen wir scharf links ab in den Tribergweg; nun folgen wir dem Zeichen blauer Balken. Ab jetzt

Seeidylle: Die Wanderung beginnt am Riedsee.

INFOS

Wanderkarte SAV
LGL BW 1:25000,
W228 »Stuttgart«

Wanderkarte
NaturNavi 1:25000,
50-539 »Stuttgart
Südwest«

www.stuttgart-
tourist.de/a-wald
friedhof-stuttgart
www.stuttgart.de/
waldfriedhof

Hinfahrt: U5, U6
oder U12 bis Ried-
see; mehrmals stdl.

Rückfahrt: U1 oder
U9 ab Südheimer
Platz bis Charlotten-
platz – U5, U6, U7,
U12 oder U15; mehr-
mals stdl.

wandern wir auf dem Geologischen Lehrweg, von dem wir immer wieder eine Tafel sehen.

Gleich darauf liegt links auch schon die erste **Tafel zur »Filderebene«**. Danach treffen wir auf die zweite **Tafel »Wasser aus dem Untergrund«** ❼. Dahinter liegt ein Amphibienteich. Wir biegen mit dem Wanderzeichen rechts ab in den Hundsklingenweg. Später beschreibt dieser eine scharfe Linkskurve; hier steht die **Tafel »Standort Artenvielfalt«** ❽.

Nach weiterem Bergab überqueren wir den **Kohlbach**, hier sehen wir die **Tafel »Schluchtwald«**. Danach folgen wir dem Asphaltweg bis zur Christian-Belser-Straße ❾. Wir biegen rechts ab, gehen an der **Sonnenberg Klinik** vorbei und biegen nach ihr mit dem Wanderzeichen links ab in den Wald. Dort gehen wir geradeaus weiter, schließlich bergab zur **Schwälblesklinge** ❿.

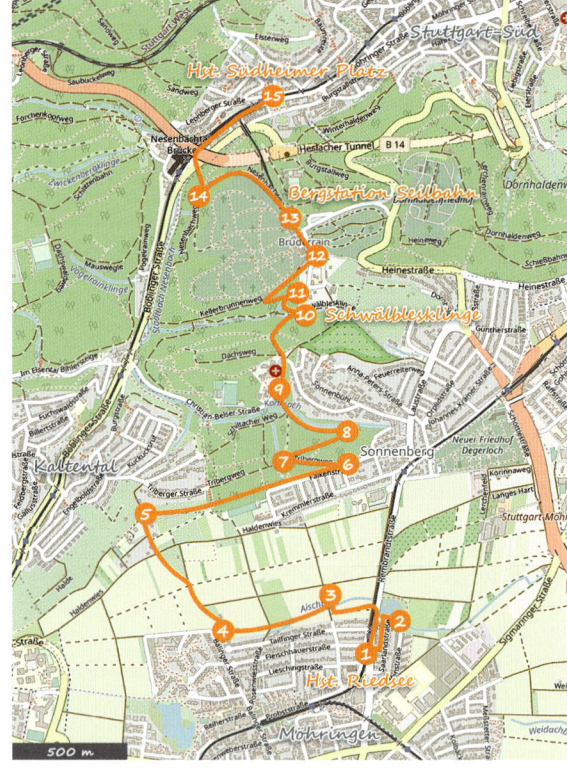

Joseflesweg

Seinen Namen hat der von der Verkehrsgesellschaft Stuttgarter Straßenbahnen AG (SSB) eingerichtete Joseflesweg von der katholischen Kirche St. Josef in Heslach. Josefle wurden früher die katholischen Bürger scherzhaft von der Mehrzahl der evangelischen Bewohner genannt.

Waldfriedhof

Der Waldfriedhof wurde 1913/14 angelegt und besitzt eine Versammlungshalle im Stil des Neoklassizismus mit barocken Motiven. In ihm sind viele berühmte Persönlichkeiten begraben. Genannt werden sollen nur Paul Bonatz, Robert Bosch, der erste Bundespräsident Theodor Heuss, der langjährige Nachkriegsoberbürgermeister Arnulf Klett und die Künstler Adolf Hölzel, Oskar Schlemmer und Ida Kerkovius.

Zahlreiche bekannte Persönlichkeiten sind auf dem Waldfriedhof bestattet.

Nach dem Bachlauf nehmen wir auf der anderen Seite den Weg, der nach links etwas ansteigt. Ab jetzt wandern wir auf dem **Joseflesweg**. Er bringt uns zum **Fritz-von-Keller-Brünnele** 🟠.

Nun steigt es noch etwas an, dann sehen wir links den **Waldfriedhof**. Wer will, kann durch das erste Tor hineingehen und im Friedhof zum Haupteingang spazieren. Hierzu hält man sich rechts. Ansonsten folgen wir dem Waldweg.

An der **Gärtnerei** 🟠 biegen wir mit dem Zeichen blauer Punkt links ab und kommen zum **Haupteingang des Friedhofs**. Rechts davon führt uns der Weg zur **Bergstation der Seilbahn** 🟠. Nun haben wir zwei Möglichkeiten. Die bequemere ist, mit der Seilbahn hinabzufahren. Wer es noch nie gemacht hat, sollte diese Gelegenheit nutzen. Auch Kindern wird die Fahrt Spaß machen, ist es doch etwas Besonderes, das man nicht alle Tage erlebt.

Seilbahn

1929 wurde die Seilbahn als Standseilbahn (Schienenseilbahn), wegen
ihres Fahrtziels Waldfriedhof auch
»Erbschleicherexpress« genannt,
nach nur siebenmonatiger Bau-
zeit eingeweiht. Dafür verfügte
sie über den ersten Fahrschein-
automaten Stuttgarts. Sie war die
erste Seilbahn in Deutschland mit
automatischer Steuerung und die
schnellste ihrer Art. Allerdings
musste damals der Motor schon
nach wenigen Stunden Betrieb
durch einen neuen ersetzt werden.

Ihren Spitzentag hatte sie wohl
am 23. November 1930, dem To-
tensonntag, als sie 6671 Fahrgäste
zu bewältigen hatte. Es ging wohl
so eng und hektisch zu, dass außer
abgerissenen Knöpfen auch eine
in Ohnmacht gefallene Frau zu be-
klagen war. Als 1931 ein Stuttgarter
Wirt begraben werden sollte, konnte
sie erst fahren, als fünf – vermutlich zu korpulente – Passagiere den
Wagen wieder verlassen hatten.

Die Strecke ist 536 m lang und
besitzt bei einer Höhendifferenz eine
Steigung von 28 Prozent. Die Fahr-
zeit beträgt vier Minuten bei einer
Geschwindigkeit von etwa 11 km/h.
Für technisch interessierte Fahrgäste wurden an der Bergstation
ein »Guckloch« und eine gläserne
Seitenwand angebracht, damit sie
den Antrieb beobachten können.

Ansonsten wandern wir links der Bergstation im Nesen-
bachweg weiter. An der Verzweigung kurz darauf, wo vor
Querrinnen auf dem geradeaus steil bergab führenden Weg
gewarnt wird, halten wir uns links. Etwas später nehmen
wir an der **Tafel »Wie atmet Stuttgart«** ⑭ den rechts abzweigenden Fußgängerweg, der uns in Serpentinen abwärts
führt. Nach der **Tafel »Keupergestein«** erreichen wir die
Burgstallstraße. Wir halten uns vor der **Tankstelle** rechts,
gehen nach der **Brücke** mit den Gleisen der Seilbahn in der
Seilbahnstraße nach links an der Talstation vorbei und kommen zur Böblinger Straße. Hier kommen auch die Wanderer
an, die mit der Seilbahn hinabgefahren sind. Etwas weiter
rechts liegt die **Haltestelle Südheimer Platz** ⑮.

Hinab ins Neckartal   3
Von der Ruhbank nach Wangen

🕐   2 Std.

↦   7,5 km

🔺   80 m

Stuttgart-Sillenbuch/
Ruhbank – Schiller-
linde – Stuttgart-
Wangen

Einfach, es geht fast
immer bergab. Die
Wanderung verläuft
auf festen Wegen
und Pfaden.

Ruhbank;
Waldsportpfad
Waldebene Ost;
Schillerlinde

Bei und nach der
Schillerlinde; am
Wangener Höhen-
weg; Wangen

*Die Haltestelle Ruhbank hat ihren Namen von der Ruh-
oder Grubbank, die einst hier stand und von der eine
Nachbildung an den Haltestellen zu sehen ist. Dort beginnt diese Bergabwanderung, die uns zuerst eine Weile
durch den Wald führt. Danach kommen wir an der historischen Schillerlinde vorbei, die uns einen weiten Blick
hinab ins Neckartal bietet. Gegenüber liegen Rotenberg
mit der Grabkapelle und die Ausläufer des Schurwalds mit
dem Kappelberg. Durch Kleingärten wandern wir dann
hinab nach Wangen.*

Wir gehen von den **Haltestellen Ruhbank** ➊ aus über
die Kirchheimer Straße zum **Wald** und mit dem
Wanderzeichen roter Punkt geradeaus in diesen hinein. Am
nächsten Querweg biegen wir links ab in das Falsche Klin-
gensträßle. Es führt uns nun eine Weile bergab.

    Schließlich treffen wir auf die Frauenkopfstraße. Links da-
von in der Jahnstraße liegt die **Haltestelle Stelle** ➋, an der
man die Tour auch beginnen könnte; sie wäre dann etwa
1,5 km kürzer. Wir halten uns rechts, zweigen aber gleich
darauf links ab auf einen schmalen Pfad, der parallel zur
Straße verläuft.

*Wald gehört zu den
wichtigen Natur-
räumen in Stuttgart.*

Ruhbank

Ruhbank, Gruh-, Krugstatt oder
Grubbank (von schwäbisch gruaba
= ruhen) werden Sandsteinbänke
genannt, die für Lastenträger, Händ-
ler, Handwerker oder Marktfrauen
gebaut wurden. Da die Leute früher
arm waren, erfolgten Transporte
oft auf dem Kopf, außerdem waren die Straßen in einem schlech-
ten Zustand. Die Frauen trugen
nur noch ein »Bäuschle« auf dem
Kopf, eine Art gepolsterter Unter-
setzer. Eier, Obst und Gemüse
wurden in »Zainen« oder »Krätten«
zum Markt getragen. Meist sind die
Bänke im 17. und 18. Jahrhundert,
die Mehrzahl wohl zwischen 1780
und 1840, entstanden. Sie liegen an
vielbegangenen Wegen und nach
Steilstrecken. Diese Bank werden wohl vorwiegend die Marktfrauen als Rastgelegenheit genutzt
haben, die von den Fildern nach
Stuttgart auf den Markt kamen.

*Gegensätze: Am Aus-
gangspunkt sieht man
eine alte Ruhbank und
im Hintergrund den
Fernsehturm.*

Er bringt uns zum Ortsrand des Stadtteils **Frauenkopf**,
wo vor den Häusern der Filderblickweg quert ❸. Wir biegen links ab und steigen kurz steil hinauf. Wo rechts die
Häuser enden, halten wir uns links, biegen aber gleich nach
der **Schranke** rechts ab in den unbefestigten Weg.

Wir queren den Dürrbachmittelweg, stoßen später auf
die **Straße Waldebene Ost** und gehen zu dem hinter ihr
verlaufenden Pfad. Diesem folgen wir mit dem roten Punkt
parallel zur Straße nach rechts. Wo wir links eine Ansamm-
lung von **Sportgeräten** sehen, folgen wir dem roten Punkt
nach links (Buchrainsträßle). An einem **Spielplatz** weist uns
das Zeichen nach rechts. Bald stehen wir vor einem **Sport-
gelände**; hier biegen wir links ab und kommen wieder in
den Wald. Am querenden **Buchrainsträßle** orientieren wir
uns rechts, vor der nächsten **Schranke** links.

Schillerlinde

Die Aussichtsplattform an der Schillerlinde wurde 1905 zum 100. Todesjahr des Dichters vom Verschönerungsverein Stuttgart erbaut. Der alte Baum wurde kunstvoll von Baumchirurgen »zusammenmontiert«. Weil man ihn bereits aufgegeben hatte, wurde in der Nähe eine neue Linde gepflanzt, aber bisher hat sich der alte Baum immer wieder erholt.

Nun erreicht uns auch das Rauschen der Stadt. Jetzt geht es nach links hinab zu einer **Terrasse**, wo auch Sportgeräte und eine Schutzhütte stehen. Wir gehen rechts an der Terrasse vorbei, überqueren links eines **Sendemastes** eine Straße und wandern danach zwischen Wald und Kleingärten, bis wir nach etwas Bergab auf einen querenden Weg treffen. Hier folgen wir dem Wanderzeichen rotes Hufeisen nach rechts. Bald erreichen wir die **Schillerlinde** ➍.

INFOS

Wanderkarte SAV LGL BW 1:25000, W228 »Stuttgart«

Wanderkarte NaturNavi 1:25000, 52-539 »Stuttgart Südost«

www.schloss-solitude.de

Hinfahrt: U7 oder U15 bis Ruhbank; mehrmals stdl.

Rückfahrt: Wangen Marktplatz – U9 bis Charlottenplatz, – U5, U6, U7, U12 oder U15; alternativ U13 bis Bad Cannstatt Wilhelmsplatz – S1–S3; mehrmals stdl.

Von der Schillerlinde bietet sich ein prächtiger Blick ins Neckartal und ins Stuttgarter Hinterland. Neben der alten Linde wurde »vorsichtshalber« eine neue gepflanzt.

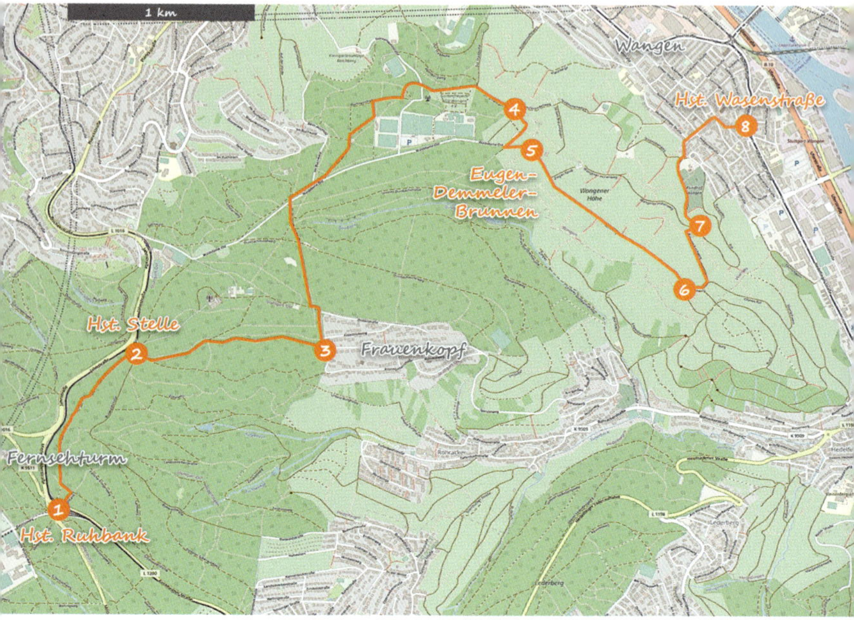
1 km
Wangen
Hst. Wasenstraße
Eugen-
Demmeler-
Brunnen
Wangener Höhe
Hst. Stelle
Frauenkopf
Fernsehturm
Hst. Ruhbank
1
2
3
4
5
6
7
8

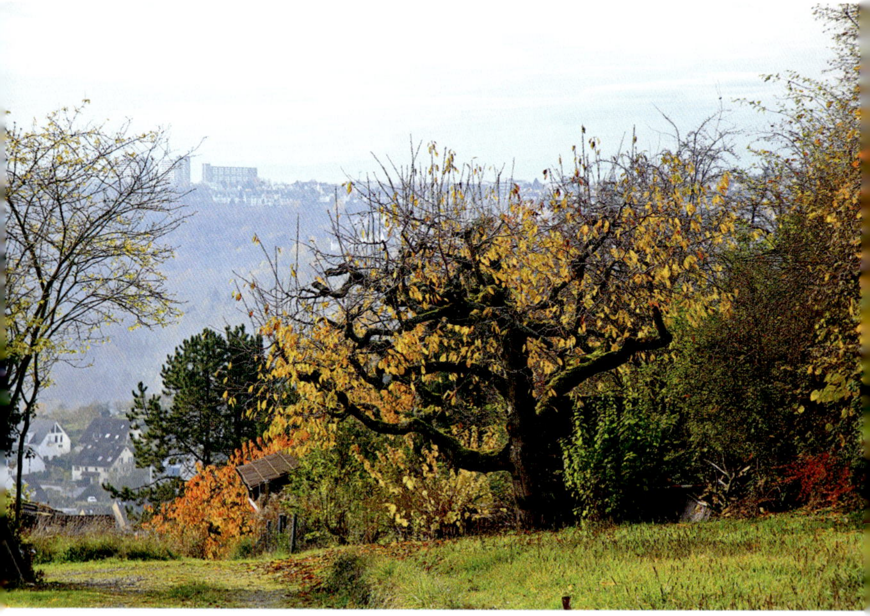

Der Faun schmückt einen Brunnen.

Hier gehen wir auf der rechts abzweigenden Straße hinauf zur Straße Waldebene Ost. Wir biegen links ab und wandern zu einer Verzweigung mit dem **Eugen-Demmeler-Brunnen** ❺. Hier gehen wir auf dem rechten Sträßchen (Rennweg) weiter durch Kleingärten. Bald stoßen wir bei einem **Brunnen** ❻ mit einem liegenden Faun wieder auf eine Verzweigung.

Wir halten uns links, ebenso am nächsten Querweg und an der nächsten Verzweigung. Immer bergab gehend stoßen wir schließlich auf den **Wangener Höhenweg** ❼. Wir nehmen den unterhalb dieser Straße mit Kopfsteinpflaster versehenen Weg, der steil abwärts führt. Bald gehen wir links am **Friedhof** vorbei.

Am Ende knickt der Weg rechts ab und würde zur querenden Straße Kirchweinberg mit Haus Nr. 63 führen. Davor noch biegen wir aber mit dem roten Hufeisen links ab in die Buchauer Straße. Ihr folgen wir bis zur querenden Ulmer Straße. Sie zieht nach links und trifft beim Rathaus auf den **Wangener Marktplatz** ❽. Hier liegt die **Stadtbahnhaltestelle**, von der aus wir zurückfahren.

Die oft interessant gestalteten Kleingärten beleben immer das Landschaftsbild.

Grabkapelle und Weinbergtour   **4**

Von Rotenberg nach Uhlbach

 **2 Std.**

 **5,5 km**

 100 m

Stuttgart-Rotenberg
– Tor/7 Linden –
Weinberge – Stutt-
gart-Uhlbach

Wir wandern auf
festen Wegen und
meist bergab.

Grabkapelle auf
dem Rotenberg;
Erholungsgebiet
Egelseer Heide;
Götzenberg;
Weinbaumuseum
Uhlbach; Fachwerk-
häuser

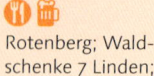

Rotenberg; Wald-
schenke 7 Linden;
Uhlbach

Zu den schönsten Wandergegenden in Stuttgart gehören die Weinberge entlang des Neckars. Unten im Neckartal seien hier die Ortsteile Unter- und Obertürkheim sowie Uhlbach im Talschluss eines Seitentals zu nennen. Auf dem Berg liegt Rotenberg mit der Grabkapelle der Württemberger. Insbesondere im Herbst, wenn das Weinlaub ein Furioso an Farben bietet, sind Wanderungen hier ein Traum.

G egenüber der **Bushaltestelle Rotenberg** ❶ weist schon ein Schild auf die »Grabkapelle« hin. Wir wandern in der Württembergstraße aus Rotenberg hinaus, nun haben wir bereits eine prächtige Aussicht nach links über die Weinberge hinab nach Uhlbach. Rechts oben sehen wir bald die Grabkapelle, zu der wir nach einem Rechtsknick des Weges aufsteigen. Von der **Kapelle** ❷ aus bietet sich auch ein Blick hinab ins Neckartal, hier sind allerdings vorwiegend Industrieanlagen und das Fußballstadion zu sehen. Etwas nach links sieht man hinter dem Tal hinauf zur Filderebene; auch der Fernsehturm und der Frauenkopfturm liegen im Blickfeld.

Blick von Rotenberg hinab nach Uhlbach

Grabkapelle auf dem Rotenberg

An Stelle der Grabkapelle auf dem Rotenberg, dem »schwäbischen Taj Mahal«, stand bis 1819 die im 11. Jahrhundert von Konrad von Beutelsbach erbaute Stammburg der Württemberger. Er nannte sich dann nach diesem Berg; ob der Name aber von »Wirt am Berg« kommt, worüber es auch eine schöne Sage gibt, wird stark bezweifelt. Die Reste der Burg wurden auf Befehl von König Wilhelm I. 1819 abgetragen.

Die Grabkapelle wurde von dem aus Florenz stammenden »Hofarchitekten« Giovanni Salucci (1769–1845) für die plötzlich verstorbene Königin Katharina Pawlowna (1788–1819), eine russische Großfürstin und Schwester von Zar Alexander I., erbaut. Katharina hatte sich in der Hungersnot 1816/17 beim Volk durch ihre Wohltätigkeit sehr beliebt gemacht, außerdem stiftete sie zahlreiche Einrichtungen: das Königin-Katharina-Stift, die Katharinenpflege, das Katharinenhospital, das Landwirtschaftliche Hauptfest und Volksfest sowie die Württembergische Landessparkasse. Sie starb mit erst 30 Jahren überraschend am 9. Januar 1819, denn sie hatte sich beim Besuch des Neujahrsgottesdienstes eine schwere Erkältung zugezogen.

In der Kapelle ruhen auch ihr 1864 verstorbener Mann und die erste Tochter der beiden, die 1887 gestorbene Prinzessin Marie. Beachten sollte man, dass der König sich hier – auf seinen ausdrücklichen Wunsch hin in aller Stille, ohne zeremoniellen Prunk – begraben ließ und nicht neben seiner späteren Frau Pauline.

Die Grabkapelle ist vom römischen Pantheon inspiriert. In ihrem Zentralraum findet man eine kassettierte und mit Stuckrosetten geschmückte Kuppel. Innen sieht man Skulpturen von Hofbildhauer Johann Heinrich Dannecker (1758–1841), seinem Schüler Theodor Wagner (1800–1880) und zwei Figuren, die nach Entwürfen von Bertel Thorvaldsen (1770–1848) von seinen Schülern Johann Nepomuk Zwerger und Johannes Leeb ausgeführt wurden.

Danach gehen wir wieder zurück bis vor die **Bushalte-stelle** ❶, biegen aber rechts ab in die Stettener Straße. Gleich hinter der Gaststätte gehen wir nach rechts hinaus zu einer **Aussichtsterrasse** und danach rechts der Häuser bis zur Markgräfler Straße. Etwas nach links versetzt zweigen wir vor den Häusern rechts ab in den Blasiusweg; nun begleitet uns der rote Balken des Georg-Fahrbach-Wegs.

Jetzt wandern wir immer oberhalb der Weinberge weiter, später sanft bergab. Unser Weg mündet in den Karl-Münchinger-Weg, dem wir geradeaus gehend und etwas ansteigend folgen. Vor der scharfen Linkskurve beginnt das **Erholungsgebiet Egelseer Heide**. Nach der Linkskurve zweigen wir rechts ab auf einen asphaltierten Weg ❸. Gleich darauf biegen wir mit dem Zeichen noch einmal rechts ab, gehen an dem dreistämmigen Baum vorbei und wandern nun durch eine Mischung aus Kleingärten, Weinbergen – rechts liegt der Weinberg **Götzenberg** – und eher unberührter Natur.

Kurz darauf sehen wir links ein **Schutzhäuschen aus Backstein**. In ständigem Auf und Ab geht es nun auf der Hochfläche weiter. Von links mündet der Weg Käppeleshau ein, der vom Parkplatz Egelseer Heide kommt. Nach der ebenfalls aus Backstein erbauten **Schutzhütte Käppeleshau** ❹ wandern wir zum Wald und rechts an ihm entlang. Nach ein wenig bergab kommen wir zu einer Kreuzung, wo wir die **Waldschenke 7 Linden** **5** finden. Hier sollte man auch die alten, knorrigen Bäume beachten.

Wir wandern rechts an der Gaststätte vorbei und kommen nach etwas Bergab in den Wald. Dort zieht unser Weg nach rechts. Nach dem Wald treffen wir auf einen **Querweg** **6**; nun haben wir auch wieder eine Aussicht, hinab nach Uhlbach und nach rechts zur Grabkapelle.

Wir biegen mit dem Wanderzeichen blauer Balken rechts ab. Nach einem **Rastplatz mit Tischen und Bänken** beschreibt unser Weg eine scharfe Rechtskurve. Wir ignorieren den ersten links abgehenden Weg, biegen aber kurz darauf mit dem Zeichen links ab **7**.

Immer bergabbgehend erreichen wir **Uhlbach**. Wir treffen auf die links abgehende Tiroler Straße, gehen aber in der Luise-Benger-Straße nach rechts zur Kirche. Hinter ihr liegt der Uhlbacher Platz mit dem Fachwerkrathaus und dem Weinbaumuseum. Wir biegen aber links ab in die Asangstraße, wo wir die **Bushaltestelle Uhlbach** **8** finden.

INFOS

Wanderkarte SAV LGL BW 1:25 000, W220 »Welzheim«

Wanderkarte NaturNavi 1:25 000, 52-539 »Stuttgart Südost«

www.grabkapelle-rotenberg.de
www.weinbau museum.de

Hinfahrt: S1 bis Untertürkheim – Bus 61 bis Rotenberg; halbstdl.

Rückfahrt: Uhlbach – Bus 62 bis Obertürkheim – S1 bis Herrenberg; Mo–Fr viertelstdl., Sa zwischen ca. 9.00 und 14.30 Uhr viertelstdl., sonst halbstdl.

Das Uhlbacher Rathaus ist ein prächtiges Fachwerkgebäude.

Weinbaumuseum Uhlbach

Im Weinbaumuseum Uhlbach in der »Alten Kelter« ist viel über die viele Jahrhunderte alte Weinbautradition in Stuttgart zu erfahren – so zum Beispiel, dass das Kloster St. Gallen bereits um 700 in Cannstatt Weinberge besessen hat. Seit 1979 bietet es einen Überblick über die Weinbaukultur von der Römerzeit bis heute. Die zwölf Themen der Ausstellung erzählen von der Geschichte des Weinbaus und der Arbeit der »Wengerter«. Weitere Sachgebiete vermitteln Wissen über Anbau, Rebflurbereinigung und Weinlese bis hin zu Schädlingsbekämpfung. Auch das alte Keltergebäude selbst mit seiner mächtigen Fachwerk- und Dacharchitektur ist ein Erlebnis. Nach einem Rundgang können in der museumseigenen Vinothek Stuttgarter Weine verkostet werden.

Die beiden Knaben auf dem Brunnen in Rotenberg schleppen schwer an den Reben.

Landkreis
Ludwigsburg

Durch das Enztal   5

Von Oberriexingen nach Vaihingen an der Enz

🕐 **2¼ Std.**

↦ **8,2 km**

▲ **100 m**

Oberriexingen –
entlang der Enz –
Weinberge – Vaihin-
gen/Enz

Leichte Wanderung,
überwiegend auf
festen Wegen, ohne
große Höhenunter-
schiede

Oberriexingen; Lein-
felder Hof; Grub-
bank (→ Tour 3);
Vaihingen/Enz;
Fachwerkhäuser

Oberriexingen;
Vaihingen/Enz

Das Enztal gehört zu den lieblichsten Tälern unseres Landes. Aber nicht nur die idyllische Natur, insbesondere der Streckenteil durch die Weinberge mit ihrer Aussicht, lockt bei dieser Wanderung, sondern auch der Ausgangsort Oberriexingen und das Ziel Vaihingen an der Enz. Beide Städte haben viel Sehenswertes zu bieten – Stichwort Fachwerk! –, beide Orte sind richtige Fachwerkparadiese. Vor allem in Vaihingen kann man den Tag mit einer Einkehr oder einem kleinen Stadtbummel gemütlich ausklingen lassen.

Wir folgen in **Oberriexingen** an der **Haltestelle Mühlstraße** ❶ dieser Straße noch etwas ortsauswärts, dann zweigen wir nach dem **Wasserkraftwerk** mit den Wanderzeichen blauer Strich und Weintraube des Württembergischen Weinwanderwegs links in Richtung »Vaihingen« ab. Nun wandern wir eine Weile entlang der Enz, die uns zu jeder Jahreszeit schöne Bilder liefert.

An der Enz sehen wir viele idyllische Flussbilder.

Oberriexingen

Früher war Oberriexingen ein be-
deutender Flößerort. Die einst romanische Georgskirche (1439) ist eine
ehemalige Wehrkirche und besitzt
einen wuchtigen achteckigen Chorturm. Um sie herum sieht man einige sehenswerte Fachwerkhäuser.
Etwas Besonderes ist das Mühlen-
gebäude von 1829, Mühlstr. 13. In
diesem technischen Kulturdenkmal
ist ein Elektrizitätswerk aus der Zeit
um 1900 fast vollständig erhalten.
Davor stehen ein Fachwerkgebäude
im Heimatstil (1910) und ein Wohnhaus (1897) mit Erker, Zwerchgiebel
und reich gegliedertem Portal.

Leinfelder Hof

Die Stelle, an der heute der Leinfelder Hof steht, war bereits zur Römerzeit besiedelt, ab dem 6. Jahrhundert
gab es hier eine fränkische Siedlung
zur Kontrolle des Enzübergangs.
801 wurde die Ansiedlung als »villa
lengenfeld« erstmals erwähnt. Es entstand eine Siedlung mit einer Wall-
fahrtskapelle, die aber durch die Pest
und Hungersnöte im 14./15. Jahrhundert wieder abging, nur das Hofgut
blieb übrig. Einer der späteren Besit-
zer war Reichsaußenminister Freiherr
Konstantin von Neurath (1873–1956).

Es geht durch ein Waldstück und entlang von Häusern und Wochenendhäusern. Nach dem Wald kommen wir an der **Ansiedlung Leinfelder Hof** ❷ vorbei, unterqueren die große Bahnbrücke und wandern entlang einer großen Gärtnerei bis zu einer **Kreuzung** ❸, an der wir eine Grubbank sehen.

Hier biegen wir mit den Wanderzeichen rechts ab. Nach etwas Anstieg kommen wir zu einem **Häuschen** und einem **Wanderschild**. Hier biegen wir links ab. Nun wandern wir durch die Weinberge und haben nach links einen herrlichen Blick auf Enzweihingen und Aurich.

Der feste Weg geht in einen Naturpfad über und senkt sich schließlich zu einem querenden, festen Weg. Dort biegen wir rechts ab ❹. An der nächsten Verzweigung halten wir uns am Wanderzeichen links in Richtung »Vaihingen Marktplatz«. Gleich darauf, noch vor der zweiten Grubbank dieser Wanderung, werden wir nach rechts verwiesen. Bald zieht der Weg nach links in ein Wohngebiet, wo wir der Straße Unter den Weingärten folgen.

Weinberge sind bestimmend für die Gegend.

An der querenden Kehlstraße biegen wir links ab, kommen zu einem Kreisverkehr und folgen auf der anderen Seite weiter der Kehlstraße. Sie bringt uns zur querenden

Vaihingen an der Enz

Die prächtigen Gebäude einer der sehenswertesten Fachwerkstädte des Landes reihen sich vor allem entlang der Stuttgarter Straße auf. Weitere findet man in den Seitengassen und hinter dem Marktplatz. Gleich zu Beginn der Stuttgarter Straße liegt rechts oben die ehemalige Peterskirche, die älteste Vaihinger Kirche und heute Heimatmuseum. Um die Kirche sieht man zahlreiche Grabmale (ab 15. Jh.). In den Fenstergewänden befinden sich Wandmalereien (13./14. Jh.). Der Marktplatz ist von mächtigen Fachwerkhäusern wie dem Rehfus'schen Haus/Herrenalber Fruchtkasten, dem bemalten Rathaus, der etwas oberhalb liegenden Stadtkirche und alten Bürgerhäusern umstanden. Nach den Bränden war nach 1618 Heinrich Schickhardt für den Wiederaufbau zuständig, nach 1784 Johann Adam Groß d.J.

Der Löwenbrunnen zeigt das Vaihinger Wappentier. Vom Marktplatz aus hat man einen schönen Blick zum Schloss Kaltenstein. Sehenswert sind auch die Häuser in der Mühlstraße sowie der Pulver- und der Haspel- oder Diebsturm. In diesem wurde 1760 Friedrich Schwan, das »Sonnenwirtle von Ebersbach«, gefangen gehalten. Am 30. Juli 1760 wurde er auf dem Galgenfeld vor der Stadt aufs Rad geflochten. Er diente Schiller als Vorbild für den »Verbrecher aus verlorener Ehre«.

STADT

VAIHINGEN

AN DER ENZ

Wandern für
Genießer

www.vaihingen-erleben.de

Hinter dem Markt-platz von Vaihingen an der Enz sieht man auf der Höhe Schloss Kaltenstein.

Stuttgarter Straße ❺. Wir halten uns rechts, überqueren die Gerberstraße (links)/Franckstraße (rechts) und spazieren weiter in der Fußgängerzone der Stuttgarter Straße bis zum **Marktplatz** ❻.

An seinem Ende biegen wir vor dem Rathaus rechts ab in die Heilbronner Straße. Sie steigt etwas an. Bald liegt links die **Bushaltestelle Stadthalle**, wir unterqueren die **Bahnlinie** und sehen danach rechts erneut die **Bushalte-**

INFOS

Freizeitkarte LGL
BW 1 : 50 000, F520
»Stuttgart«

www.vaihingen.de

Hinfahrt: S5 bis
Asperg – Bus 532 bis
Oberriexingen;
Mo–Fr halbstdl.,
sonst stdl.

Rückfahrt: Vaihin-
gen (E) Stadthalle –
Bus 503, Bus 579 bis
Vaihingen (E) – IRE1
und RB17; Mo–Fr
halbstdl., sonst stdl.

stelle Stadthalle, an der man die Wanderung bereits beenden kann. Hier biegen wir links ab in die Schlossberg-
straße ❼. Nach etwas Anstieg beschreibt diese eine Linkskurve. Hier gehen wir geradeaus die Treppe hinauf, nun in
der Steinbeisstraße. Oben gehen wir rechts am **Friedhof**
vorbei. Immer der Steinbeisstraße folgend, stoßen wir nach
einer Rechtskurve auf die Neue Bahnhofstraße ❽. Nach
links bringt uns diese zum **Bahnhof** ❾.

Urmensch und Schillers Geburtshaus 6

Von Steinheim an der Murr nach Marbach am Neckar

1½ Std.

5,2 km

70 m

Steinheim an der Murr – entlang der Bottwar – entlang der Murr – Weinberge – Marbach am Neckar

Meist auf festen, streckenweise auch auf Naturwegen. Keine durchgängigen Wanderzeichen, aber einfache Wegfindung durch offene Landschaft.

Steinheim an der Murr; Urmensch-Museum; Peterskirche Murr; Marbach am Neckar; Alexanderkirche Marbach; Schiller-Nationalmuseum; Schillers Geburtshaus; Techn. Kulturdenkmal Ölmühle; Fachwerkhäuser

Steinheim an der Murr; Marbach am Neckar

Wo es Weinbau gibt, findet man meistens auch eine schöne Landschaft und sehenswerte Orte und Städtchen. So auch bei dieser »Zwei-Flüsse-Tour«, die von Steinheim an der Murr – bekannt vor allem wegen des hier gefundenen »Urmenschen« – nach Marbach am Neckar führt. Hier ist nicht nur Friedrich Schiller geboren, sondern, wie in Steinheim, gibt es hier auch zahlreiche Fachwerkhäuser zu bewundern. Zwischen den beiden Orten wandern wir durch eine durch Streuobstwiesen und Weinberge charakterisierte Landschaft, die uns immer wieder auch einen weiten Ausblick bietet. Wer noch Zeit und Lust hat, kann einen Stadtbummel durch das pittoreske Fachwerkstädtchen anschließen.

Wir gehen von der **Bushaltestelle** zum **Kreisverkehr** ❶, wo wir eine große Metallskulptur eines Steppenelefanten sehen. Dort biegen wir in Richtung »Stadtmitte« in die Ludwigsburger Straße ein. Kurz danach kommen wir zur **Bottwarbrücke** ❷. Hier orientieren wir uns rechts. Links hinter der Bottwar sehen wir an der ehemaligen Sägemühle ein großes **Mühlrad**.

An der Mühle an der Bottwar ist ein großes Mühlrad zu sehen.

Steinheim an der Murr

Die 1235 erstmals erwähnte Martins-
kirche in Steinheim an der Murr
ging aus einer romanischen Basilika
hervor. Sie war früher als Wehrkirche
ummauert. Dahinter steht das nach
dem einstigen Bürgermeister (1600–
1634) benannte Hans-Trautwein-
Haus, in dem sich das Urmensch-
museum befindet. Schräg gegenüber
der Kirche findet man das barocke
Vogtshaus (1741). Auf dem Marktplatz steht ein Brunnen, der vom
Marbacher Steinmetz Kanz errichtet wurde; auf seiner Säule sitzt ein
Löwe von 1686 mit dem württembergischen Wappen. Das Rathaus
(1685–1687) besitzt schönes Zierfachwerk, einen außen liegenden Trep-
penaufgang und einen Arkadengang.
Das fünfgeschossige Schlössle in der
Nähe des Klosterhofs ist ein 1624 von
Johann Caspar Mitschilin erbauter
Herrensitz. Die Klosterhofmeister-
wohnung ist eine große Hausanlage,
die 1693 abgebrannt ist und um 1700
von Herzog Eberhard III. wieder
aufgebaut wurde. Daneben befindet sich ein verziertes Rundbogen-
hoftor, an dem ein Kopf, der die
Zunge herausstreckt, zu sehen ist.

*Am Marktplatz steht
ein Brunnen mit einer
reich geschmückten
Säule.*

Urmensch-Museum

Das Urmensch-Museum ist dem 1933
in einer Kiesgrube gefundenen Schädel des mittlerweile weltberühmten
»Homo steinheimensis« gewidmet.
Der Schädel selbst ist als Nachbildung zu sehen. Für Kinder ebenfalls
faszinierend sind außer der lebensgroßen Figur eines Urmenschen die
Nachbildungen von Steppenelefant,
Wildpferd, Riesenhirsch, Auerochse
und anderer, vor langer Zeit ausge-
storbener Großsäugetiere. Darüber
hinaus werden die Stammesge-
schichte des Menschen im Überblick
dargestellt und die einstige Umwelt
des Steinheimer Urmenschen und die
naturräumlichen Gegebenheiten der
Steinheimer Region veranschaulicht.

Blick auf Murr

Nun folgen wir der Industriestraße, die später entlang von Gewerbebauten verläuft. Vor der L 1100 knickt der Weg links ab, wir unterqueren gleich darauf die Landstraße nach rechts ❸ und wandern danach auf Murr zu. Bald können wir vom Asphaltweg auf einen links davon verlaufenden Pfad ausweichen. Beide Wege bringen uns zu einer **Brücke** ❹, die wir links in Richtung des Hermannsplatzes überqueren. Dort finden wir auch einen **Spielplatz** für den Nachwuchs, der uns auf dieser Tour vielleicht begleitet.

Wir biegen mit dem Wanderzeichen gleich nach der Brücke rechts ab und wandern nun zwischen Murr und dem Sportplatz. Nach diesem und der nachfolgenden Pegelanlage treffen wir auf einen Asphaltweg. Ihm folgen wir nach rechts.

Nach einiger Zeit sehen wir rechts eine ehemalige **Eisenbahnbrücke**, danach eine gedeckte **Holzbrücke** ❺. Bald unterqueren wir wieder die Landstraße und gehen gleich danach nach links zu einem querenden Weg ❻. Hier halten wir uns links, dann folgen wir aber gleich darauf dem nach rechts aufwärts führenden Sträßchen.

Die rechts und links abgehenden Wege ignorieren wir und kommen dort, wo es etwas flacher wird, zu einer **Verzweigung** ❼. Hier gehen wir auf dem rechten Weg in Richtung »Marbach Altstadt Friedhof« geradeaus weiter. Nun wandern wir nicht nur durch Weinberge, sondern haben nach rechts auch einen schönen Blick hinab nach Benningen und auf den Neckar.

Bald erreichen wir eine Art hölzernen **Pavillon** ❽, der aber ohne Dach keinen allzu großen Schutz vor Sonne oder Regen bietet. Dafür ist die Aussicht von hier umso besser. Kurz nach ihm nehmen wir an der Verzweigung den mit

Diese Hütte bietet zwar keinen Schutz vor der Witterung, dafür aber einen herrlichen Blick ins Neckartal.

INFOS

Freizeitkarte LGL
BW 1 : 50 000,
F517 »Stromberg
Heuchelberg«

Wanderkarte
NaturNavi 1 : 25 000,
52-543 »Bietigheim-
Bissingen Beilstein«

www.stadt-
steinheim.de
www.schillerstadt-
marbach.de

Hinfahrt: S4 bis Mar-
bach (N) – Bus 460
bis Steinheim (M)
Bahnhof; halbstdl.

Rückfahrt: Marbach
(N) – S4; Mo–Fr
viertelstdl., Sa/So
halbstdl.

*Außerhalb des Marba-
cher Zentrums stehen
die Alexanderkirche
und das Pfarrhaus.*

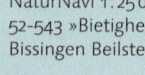

Wanderzeichen markierten Weg, der uns hinab zum **Kran-kenhaus** 🟠 führt.

Vor ihm biegen wir links ab. Vor dem **Friedhof** 🟠 hal-ten wir uns rechts in die Straße Am alten Markt. Nun geht es wieder abwärts. Nach der Bahnbrücke liegen links das Torhaus und die Alexanderkirche. Wir gehen noch weiter bergab bis zur querenden Bottwartalstraße (rechts)/Schil-lerstraße (links). 🟠

Zum »Bahnhof« werden wir links, dann gleich wieder links in den Wilhelm-Schenk-Weg verwiesen. Vorher muss man sich aber überlegen, ob noch Zeit oder Lust hat, sich die Marbacher Altstadt anzusehen und anschließend wieder hierher zurückzukehren. Hierzu folgen wir nach der Querstraße der Niklastorstraße. Sie bringt uns, vorbei an

Schillers Geburtshaus und weiteren sehenswerten Fachwerkhäusern, hinauf zur Marktstraße. Links und rechts in den Gassen gibt es jede Menge alter Bauten zu bewundern, auch rund um die Marktstraße findet man viel Sehenswertes oder kann einkehren. Danach kehrt man wieder zurück zum Wilhelm-Schenk-Weg 🔟.

Ihm folgen wir nun. Am nächsten Querweg halten wir uns links, überqueren bald die Kirchenweinbergstraße und spazieren nach den letzten Häusern parallel zur Bahnlinie zum **Bahnhof** 🔟 von Marbach.

Marbach

Marbach wurde 972 erstmals urkundlich erwähnt und erhielt als eine der ersten Siedlungen in Württemberg 1009 von Kaiser Heinrich II. das Markt- und Münzrecht. Es ist der Geburtsort von Friedrich Schiller (1759). Man sieht noch sein Geburtshaus in der romantischen Altstadt, außerdem einige alte Fachwerkhäuser. Ein bedeutendes Bauwerk ist die Alexanderkirche; sie ist ein Frühwerk des Baumeisters Aberlin Jörg.

Der Bürgerturm ist der Eckturm der ehemaligen äußeren Stadtmauer. Er wurde 1826 fast vollständig abgebrochen und im selben Jahr im mittelalterlichen Stil als Gefängnis wieder errichtet. Der Schlosserker gehörte zum ehemaligen, 1693 abgebrannten Schloss und wurde 1594 erbaut. Die Stadtkirche entstand um 1600 aus der früheren Marienkapelle. Die neuen Emporen wurden durch ein 1602 erbautes Wendeltreppentürmchen erschlossen; es besitzt das einzige erhaltene Renaissanceportal in Marbach. Nach dem Stadtbrand wurde sie 1698 bis 1700 wieder aufgebaut. Auf dem Weg durch die Stadt kommt man an einigen sehenswerten Gebäuden vorbei. Ein Bummel durch die malerischen Gassen lohnt sich, auch wenn die Oberamtsbeschreibung sich 1866 etwas zurückhaltend ausdrückte: »Das Innere der Stadt ist nicht unfreundlich und trägt das gemüthliche Gepräge einer schwäbischen Landstadt«.

Bedeutend ist auch das hoch über dem Neckar liegende Schiller-Nationalmuseum mit dem Deutschen Literaturarchiv.

Museen

Schiller-Nationalmuseum
Schillerhöhe 8–10, 71672 Marbach,
Tel. 07144/848601,
Öffnungszeiten: tgl. 9–17 Uhr.

Schillers Geburtshaus
Niklastorstr. 31, 71672 Marbach,
Tel. 07144/17567,
Öffnungszeiten: tgl. 9–17 Uhr.

Technisches Kulturdenkmal Ölmühle
Obere Holdergasse 2, 71672 Marbach,
Vereinbarung zur Führung:
Tel. 07144/102245.

Zwei Schlösser und ein See   7

Von Bietigheim zum Schloss Favorite

Diese schöne, gemütliche Streckenwanderung ohne große Höhenunterschiede, dafür mit hohem Erlebniswert und gleich zwei Schlössern, einem See, zwei Parks und Erweiterungsmöglichkeiten am Schluss, dazu immer wieder weiter Aussicht, ist ideal für einen ausgefüllten halben Tag.

🕐 **2 Std.**

↦ **7,3 km**

▲ **120 m**

✝ Bietigheim-Bissingen-Bietigheim/Bahnhof – Brandholz – Monrepos – Ludwigsburg/Favoritepark

 Man geht auf guten Wegen, ein kurzes Stück unbefestigt, ohne Orientierungsprobleme und kaum Höhenunterschiede.

📷 Festung Hohenasperg; Schloss und See Monrepos; Favoritepark; Stationen des Planetenwegs

🍴🏨 Monrepos

W ir verlassen den **Bietigheimer Bahnhof** ➊ in Richtung »Buch«. Nach der Bahnhofsanlage kommen wir zur Stuttgarter Straße, die wir überqueren. Dann gehen wir nach links kurz hinab und biegen an der **Kreuzung** ➋ nach rechts in die Freiberger Straße ein.

Ihr folgen wir nun auf der linken Seite bis zum Ortsende. Nach dem links liegenden Hotel zweigt links eine Straße ab. Wir nehmen aber den Naturpfad, der im rechten Winkel links abgeht. Kurz darauf halten wir uns rechts und folgen dem schmalen Naturpfad.

Er bringt uns zu einem **Parkplatz** ❸, vor dem der mit dem Wanderzeichen roter Punkt markierte Planetenweg quert. Ihm folgen wir nun bis zum Ziel. Wir biegen rechts ab, überqueren die K 1600 und wandern, anfangs links des **Wohngebiets**, immer geradeaus in Richtung »Wilhelmshof«. Nach links und rechts haben wir nun einen weiten Blick über die Felder, vor uns halbrechts sehen wir auf einem Hügel auch die Festung Hohenasperg.

Nach dem **Wilhelmshof** ❹ steigt es ein wenig an. Danach sehen wir mit dem **Kunstwerk** zum **Uranus** die erste Station des Planetenwegs. Etwas später liegt rechts ein **Obstsortengarten**. Danach queren **Elektroleitungen** und rechts sehen wir einen Teil des **Golfplatzes**. Hier biegen wir links ab ❺.

Zwischen den rechts des Weges liegenden **Wällen** zeigt das Wanderzeichen des Planetenwegs nach rechts. Wir überqueren die Autobahn auf einer **Brücke** und biegen gleich dahinter links ab. Nach den querenden **Elektroleitungen** und dem **Hochzeitswäldle Incher** geht es nach rechts weiter ❻. Der Weg knickt bald rechts ab und wir überqueren einen **Bach**, nach dem wir rechts die **Station Saturn** sehen. Danach geht es nach links, dann nach rechts zu den **Gebäuden** um das Weingut Hofkammer.

Nachdem wir das **Weingut Hofkammer** passiert haben, biegen wir in Richtung »Seeschloss« links ab in den **Hof mit dem Obelisken**. Nach dem Hof halten wir uns am **Parkplatz** rechts, dann links und kommen zum **See**. Wer will kann ihn nach rechts umrunden, ansonsten gehen wir geradeaus am See entlang zum **Schloss Monrepos** ❼.

Im Monropossee liegt eine Insel mit einer (künstlichen) Kirchenruine.

Schloss Monrepos

Das Schloss Monrepos wurde 1760 bis 1764 für Herzog Carl Eugen erbaut. Herzog Friedrich II., der spätere König Friedrich I., ließ 1804 durch Baumeister Nikolaus Friedrich Thouret ein Schloss im klassizistischen Stil errichten. Er gab ihm auch 1804 den Namen »Meine Ruhe«. Die parkartige Gartenanlage wurde 1801 angelegt. Unter Thouret wurde auch der Garten in einen englischen Landschaftspark umgeändert. Er ließ den Wasserspiegel des Sees absenken und veränderte die Ufergestaltung so, dass sie einen natürlichen Eindruck erweckte. Der Aushub wurde zur Anlage von drei Inseln verwendet, auf die er Pavillons erbauen ließ. Auf einer Insel steht eine Ende des 18. Jahrhunderts im Stil der Neugotik für die Hohenheimer Kartause erbaute Kirche, die 1801 hierher versetzt wurde und seit 1945 Ruine ist.

Am Ende des Sees nach dem **Tor** der Parkanlage gehen wir nach links in Richtung **Parkplatz**, halten uns aber noch vor ihm rechts und gehen nun auf der Seeschlossallee immer geradeaus weiter.

Rechts sehen wir bald ein kleines **Biotop**, auf das weitere Stationen des Planetenwegs folgen: **Mars**, **Erde**, **Venus**, **Merkur** und **Sonne**. Danach kommen wir zur **ersten Station** mit einer grundsätzlichen Erklärung zum Planetenweg. Hier gehen wir an der Verzweigung auf dem linken Weg weiter und kommen zum Eingang des **Favoriteparks** ❽.

Favoritepark

Der 72 Hektar große Favoritepark wurde 1707 von Herzog Eberhard Ludwig als Wildpark und Fasanerie angelegt. Heute lebt hier Dam-, Axis- und Muffelwild, das teilweise so zahm ist, dass es sich füttern lässt. Außerdem findet man zahlreiche uralte Bäume, insbesondere Eichen, die einer Vielzahl von Insekten- und Vogelarten eine Heimat bieten. Das 1717 bis 1723 erbaute **Lustschlösschen** besitzt eine farbige Fassade und ist von beeindruckenden Freitreppen umgeben, außen sieht man schöne Skulpturen. Die Innenräume wurden 1723 bis 1731 durch Friedrich von Thouret umgestaltet.

INFOS

Freizeitkarte LGL
BW 1:50 000, F520
»Stuttgart«

Wanderkarte
NaturNavi 1:25 000,
50-541 »Stuttgart
Nordwest«

www.bietigheim-
bissingen.de
www.ludwigsburg.de
www.erlebnis-
monrepos.de
www.schloss-favorite-
ludwigsburg.de

VVS

Hinfahrt: S5, IRE1,
R8, RE10, RB17, RB18
bis Bietigheim-Bissin-
gen; mehrmals stdl.

Rückfahrt: Favorite-
park – S4; Mo–Fr
viertelstdl., Sa/So
halbstdl.

*Außer Tieren findet man
im Favoritepark sehens-
werte alte Bäume.*

Wer noch Zeit und Lust hat, dem sei ein Besuch des
Parks mit seinen Tieren und prächtigen Schlösschen emp-
fohlen. Wer will, kann ihn sogar durchqueren und kommt
so zum Schloss Ludwigsburg mit dem Blühenden Barock.
Von hier aus könnte man auch durch das sehenswerte Ludwigsburger Zentrum zum Bahnhof gehen.

Ansonsten gehen wir vor dem Eingang zum Favoritepark
nach rechts, an der Wendeschleife noch einmal und spazieren parallel zur Bahnlinie bis zur **S-Bahn-Station Favoritepark** 9.

8   Entlang der Glems durchs Strohgäu

Von Schwieberdingen nach Ditzingen

Von Schwieberdingen aus wandern wir anfangs hoch über der Glems, danach unten im Tal, meist entlang des munter plätschernden Flüsschens durch eine Mischung aus Hecken, Gehölzen und Waldstücken sowie (Streuobst-) Wiesen. Neben der Glems gibt es noch andere bemerkenswerte Punkte auf der Tour: Unterwegs können wir die Ruine Nippenburg besichtigen und in Ditzingen sehen wir einige schöne Fachwerkhäuser. Und hat man Kinder dabei, so finden diese am Anfang von Ditzingen einen außergewöhnlichen Spielplatz und einen Minigolfplatz.

W ir gehen am **Bahnhof** ❶ nach Westen zur queren-den Nippenburger Straße und folgen ihr mit dem Wanderzeichen blaues Kreuz nach links. An der **Stumpenmühle** halten wir uns an der Verzweigung rechts, dann mit dem Wanderzeichen gleich wieder links in Richtung »Nippenburg«. Nun steigt es etwas an.

Nach einiger Zeit steht links die **Brunnenstube** für Schloss Nippenburg, darüber wachsen einige als **Naturdenkmal** geschützte Rosskastanien. Danach durchqueren wir die Anlage **Schloss Nippenburg** ❷. Am Ende vor dem querstehenden Haus sollten wir nach rechts gehen und die

🕐	**2¼ Std.**
↦	**8,5 km**
⛰	**120 m**

✝
Schwieberdingen – Glemstal – Ruine Nippenburg – Ditzingen

👢👢
Bei dieser Tour wandern wir meist auf festen Wegen, zeitweise aber auch auf unbefestigten.

📷
Glems: Ruine und Schloss Nippenburg; Ditzinger Schloss; Ditzingen; Fachwerkhäuser

🍴🍺
Schwieberdingen, Ditzingen

Der Park von Schloss Nippenburg geht auf das 18. Jahrhundert zurück.

Ruine Nippenburg

Die Ruine Nippenburg weist verwinkelte, verfallene und wildromantische, von Efeu überwachsene Mauern auf. Sie ist eine der ältesten Burgen der Region und wurde 1160 erstmals genannt. Erbaut wurde die Anlage im 11. Jahrhundert von den Rittern von Nippenburg. Angeblich wurde sie niemals erobert. Die Nippenburger waren wohl Dienstmannen der Asperger Grafen und starben 1646 im Mannesstamm aus. Im 15. Jahrhundert erreichten sie ihre Blüte. Dunkle Gestalten gab es auch unter ihnen: So wurde Bastian 1483 hingerichtet, weil er beim Pulverdinger Hof Biberacher Kaufleute überfallen hatte, und Hans von Nippenburg tötete seinen Schwager und wurde so lange inhaftiert, bis er 1504 Urfehde geschworen hatte. Das heutige **Schloss** geht auf einen um 1600 errichteten Bau von Heinrich Schickhardt zurück. Der Park wurde im 18. Jahrhundert im Stil eines englischen Landschaftsgartens angelegt.

Die Ruine Nippenburg ist eine beeindruckende Anlage.

Ruine der Burg Nippenburg besichtigen. Unser Weg führt aber nach links weiter.

Wir durchqueren das Rundbogentor, gehen an der Mauer, danach an einem Haus entlang und folgen dem Sträßchen bis kurz vor die K1630. Noch vor dem Anliegerschild zweigt der mit dem blauen Kreuz markierte Weg als Naturpfad rechts ab ❸. Er mündet später in die Straße ein. Wem dieser teilweise recht wilde Pfad zu unwegsam ist, der nimmt gleich die Straße.

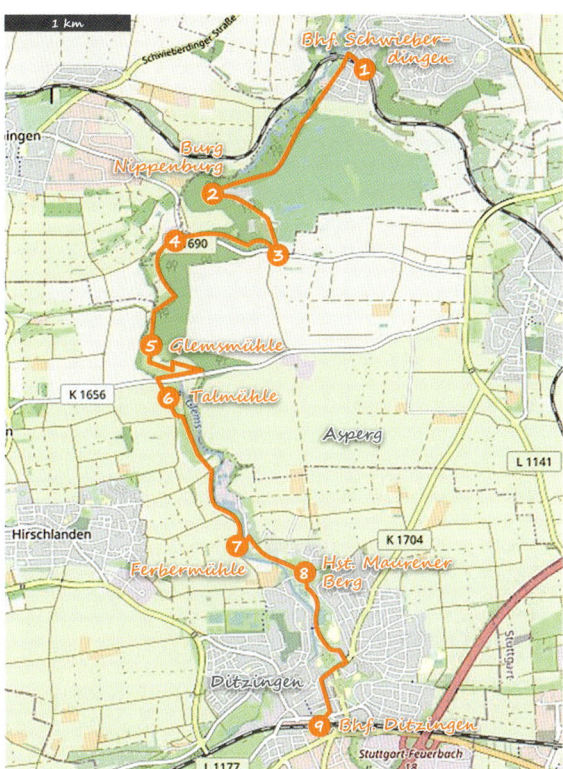

INFOS

Wanderkarte SAV
LGL BW 1:25000,
W228 »Stuttgart«

Wanderkarte
NaturNavi 1:25000,
50-541 »Stuttgart
Nordwest«

www.ditzingen.de

Hinfahrt: S6 bis
Korntal – RB47 bis
Schwieberdingen;
Mo–Sa halbstdl.,
So stdl.; alternativ
S4, S5 bis Feuer-
bach – Bus 502 bis
Schwieberdingen
Mitte – 10 Min.
Fußweg bis
Schwieberdingen
Bahnhof; Mo–Fr
halbstdl., Sa stdl.,
So zweistdl.

Rückfahrt: Ditzin-
gen Am Maurener
Berg – Bus 624 bis
Ditzingen Bahnhof
– S6; stdl.

Wir folgen auf jeden Fall der Straße bis ins Tal, wo die Glems quert und dahinter die **Sägemühle** steht. Hier folgen wir dem Zeichen nach links ④, denn hinter der Straße führt unsere Wanderung weiter. Nun gehen wir durch das **Glemstal**. Bald umgehen wir die **Glemsmühle** ⑤ rechts und stoßen danach auf die K 1656. Neben ihr spazieren wir kurz nach rechts, dann überqueren wir sie nach links und folgen wieder der Glems.

Wir kommen an der **Talmühle** ⑥ vorbei, danach geht es zeitweise unbefestigt weiter. Nach der Kläranlage und vor der **Ferbermühle** ⑦ überqueren wir die Glems nach links und halten uns danach rechts. Nun wandern wir in der Unteren Glemsstraße an den ersten Häusern von Ditzingen bzw. dem Maurener Berg entlang bis zur Bushaltestelle **Maurener Berg** ⑧. Hier könnte man, wenn man möchte, bereits in den Bus einsteigen und mit ihm zum Bahnhof Ditzingen fahren.

Ditzingen

Das 769 erwähnte Ditzingen liegt an der durch die Glems markierten Grenze zwischen den Herzogtümern Schwaben und Franken und der Bistümer Konstanz und Speyer. Deshalb besaß es auch zwei Kirchen. Im 14. und 15. Jahrhundert gelangte es an Württemberg. Die 1478 geweihte Pfarrkirche, die Konstanzer Kirche, ist eine spätmittelalterliche Wehrkirche. Die Speyrer Kirche dient als Friedhofskirche und ist eine weitgehend unverändert erhaltene Chorturmkirche im Erscheinungsbild des 15./16. Jahrhunderts. Das ehemalige Rathaus (1738) am Marktplatz ist mit einem runden Torbogen mit dem ehemaligen, 1759 erbauten und 1820 vergrößerten, Schulhaus verbunden. Links davon steht eine ehemalige, traufständige Hofanlage mit Wohnhaus und Scheuer (17./18. Jh.). Am auffallendsten ist das »Drei-Giebel-Haus«, eine große Hofanlage (bez. 1715, 1763) mit giebelständigen, gestelzten Wohnstallhäusern. Sie besitzen überbaute Tore, Zierfachwerk, Rundbogenkellertore und geohrte Hauseingänge. Etwas außerhalb des Zentrums steht das ehemalige, im 12./13. Jahrhundert erbaute Wasserschloss (15./16. Jh.).

Ansonsten biegen wir hier rechts ab. Hinter der Straße Maurener Berg liegt die schöne **Freizeitanlage Gröninger Straße**, an der Kinder sicher viel Freude haben werden. Als Weg nehmen wir aber nicht die Straße Maurener Berg, sondern wandern auf dem Fußweg rechts davon, der direkt an den **Tennisplätzen** entlangführt.

Wir kommen zur **Minigolfanlage**. Danach führt der Weg an zwei überdachten alten **Mühlsteinen** vorbei, die an

Die beiden Mühlsteine in Ditzingen erinnern an das alte und hier im Korngäu wichtige Gewerbe der Müller.

WIR SIND NaTour!

Entdecken Sie Ditzingen!

www.ditzingen.de

STADT DITZINGEN
... mehr als nur eine Stadt

Fachwerkpracht in Ditzingen

frühere Zeiten erinnern. Nun wandern wir zwischen Kindergarten und Schild auf die moderne Kirche zu. Direkt vor ihr biegen wir rechts ab. Nachdem die Mauer links zu Ende ist, sehen wir zum **Ditzinger Schloss**.

Kurz darauf quert die Bauernstraße. Rechts sehen wir ein riesiges Mühlrad. Wir biegen links ab und gehen durch das **Zentrum von Ditzingen** bis zur querenden Marktstraße. Hier halten wir uns kurz links in die Münchinger Straße, dann gehen wir nach rechts durch das Rundbogentor durch die **Fachwerkanlage** hindurch.

Zwischen **Rathaus** (rechts) und **Konstanzer Kirche** (links) spazieren wir auf einem schmalen Weg, bis die Gerlinger Straße beginnt. Sie bringt uns zur querenden Stuttgarter Straße. Hinter ihr liegt rechts der **Bahnhof** 🟠 von Ditzingen.

Landkreis
Böblingen

Durch das Heckengäu

Von Dätzingen nach Weil der Stadt

9

 2½ Std.

 8,5 km

 100 m

Dätzingen – Schaf-
hausen – Würmtal
– Käppelesberg –
entlang Mittelberg –
Weil der Stadt

Wir wandern meist
auf festen Wegen,
ein kurzes Stück un-
befestigt. Nach der
Wacholderheide auf
dem Käppelesberg
wird der Wegverlauf
vorübergehend et-
was kompliziert.

Dätzingen; Schaf-
hausen; Rathaus
Schafhausen; Natur-
schutzgebiet Mittel-
berg; Weil der Stadt
(→ Tour 11)

Weil der Stadt

*Das Heckengäu hat eine hoch interessante und lebhaft
strukturierte Landschaft aufzuweisen, da die Felder und
Wiesen durch die Namen gebenden Hecken unterteilt sind.
Dazu kommen Wacholderheiden, welche man sonst eher
mit der Schwäbischen Alb verbindet, die aber auch im
Heckengäu gar nicht so selten sind. Auch die Orte, die wir
bei dieser Wanderung berühren – Dätzingen, Schafhausen
und Weil der Stadt – haben einiges an Sehenswertem zu
bieten.*

An der **Haltestelle Dätzingen Abzweig** ❶ gehen wir
auf der Seite der großen **Wiesengrundhalle** im Ne-
ckenmarkter Weg an dem Gebäude vorbei und auf den
kleinen **Sportplatz** zu. Vor ihm zieht der Weg nach rechts.
Wir überqueren einen Seitenarm der Würm und biegen
nach der Brücke links ab. Nun unterqueren wir die Dätzin-
ger Straße / L 1182 und wandern dahinter durch die Wiesen
auf den **bewaldeten Hang** zu. ❷ Dort biegen wir links ab.
Links begleitet uns erst die Schwippe, dann die Würm, in
die sie mündet.

*Das Schloss in
Dätzingen ist ein
prächtiges Bauwerk.*

Dätzingen

Dätzingen kam im 13. Jahrhundert an den Johanniter-, danach an den Malteserorden und war bis ins 19. Jahrhundert der einzige katholisch gebliebene Ort im Kreis Böblingen. 1805 gelangte er an Württemberg. König Friedrich kaufte dem Staat das 1733 zur heutigen Anlage erweiterte Schloss ab und schenkte es dem Grafen von Dillen. Dieser ließ 1810/12 durch den Hofarchitekten Nikolaus Friedrich von Thouret auf der Nordseite den zweigeschossigen Säulenportikus anbauen. Die klassizistische Kirche wurde 1812/13 als Ersatz für die abgebrochene Schlosskapelle, im Auftrag von König Friedrich, durch Landbaumeister Friedrich Bernhard Adam von Groß erbaut. Sie besitzt eine farbig gefasste Pietà (15. Jh.). Vor dem Schloss steht ein Laufbrunnen mit Delfinen als Wasserspeier. Als Bekrönung der Säule dienen zwei Putten.

Nach der **Kläranlage** zieht der Weg nach rechts und wir wandern nach **Schafhausen**. Dort bringt uns die Döffinger Straße zum **Rathaus** ❸, vor dem wir eine Skulptur eines Schäfers mit Schafen sehen. Kurz davor steht eine große Informationstafel mit der Geschichte der ehemaligen Mühle, die an dieser Stelle gestanden hat.

Nach der querenden Magstadter Straße gehen wir auf der anderen Seite in der Oberen Straße weiter. Links stehen erst das **Pfarrhaus**, danach die **St. Cyriakus-Kirche**. Nach dem **Friedhof** am Ortsende kommen wir zu einem **Wanderschild**. Hier folgen wir an der Verzweigung dem rechten Weg, der mit der gelben Raute markiert ist und zum »Käppelesberg« zeigt.

Gleich darauf zweigen wir rechts ab in den ansteigenden Weg ❹, der uns rund um die **Wacholderheide** auf den **Käppelesberg** führt. Danach zieht dieser nach links, bis uns die gelbe Raute ebenfalls nach links weist. Nun wird der Wegverlauf durch die Heckenlandschaft etwas kompliziert.

Schafhausen

Das Rathaus in Schafhausen wurde 1681 als Rat- und Schulhaus erbaut und enthielt auch Wohnungen für die Lehrer. Die Skulpturengruppe am Brunnen stellt den letzten hauptamtlichen Schäfer des Ortes, Fritz Weida, seinen Hund und zwei Schafe dar. Die um 1110 erstmals erwähnte evangelische Cyriakus-kirche besitzt eine Turmsakristei mit spätgotischem Kreuzrippengewölbe (1492–1500). Das Pfarrhaus (1660) ist mit einem württembergischen Wappen geschmückt.

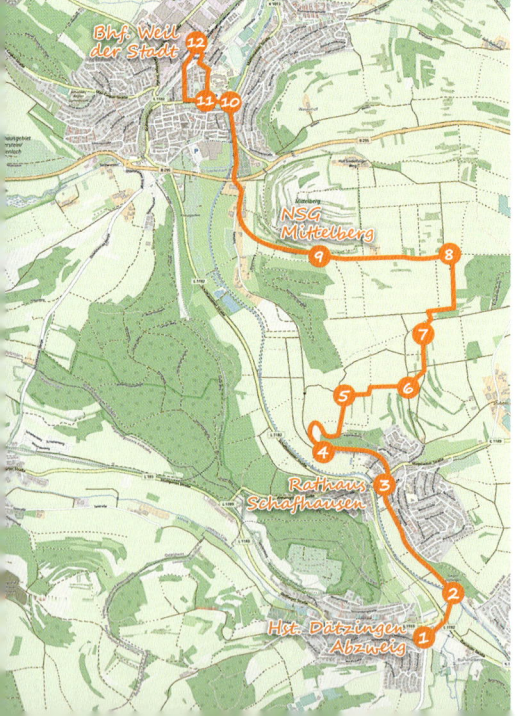

Wir wandern auf einem Wiesenweg mit Gehspuren bis ein Wegweiser uns nach rechts schickt **5**, nun wieder auf einem Weg. Er knickt kurz darauf vor einer **Hecke** links ab, nach der Hecke geht es wieder nach rechts. Bald stoßen wir auf einen querenden Asphaltweg vor einer **Hecke**, hier halten wir uns links. **6**

Dem nächsten Weg folgen wir nach rechts, dann dem nächsten nach links. Nun wandern wir durch die Heckenlandschaft bis nach einer Rechtskurve links ein Weg abgeht **7**. Er bringt uns zu einem querenden Weg, dem wir nach rechts folgen. Am zweiten links abgehenden Weg in den Baumwiesen biegen wir links ab und wandern

Landschaftsidylle im Heckengäu

durch die Felder bis zu einem weiteren Querweg **8**. Hier biegen wir links ab.

Vorbei an einem großen, von Bäumen flankierten **Feldkreuz** wandern wir nun links des Hangs. Nach dem rechts liegenden **Hof** befindet sich rechts das **Naturschutzgebiet Mittelberg 9**. Nach einem Rechtsbogen durchqueren wir einen **Pferdehof**, unterqueren die B295 und spazieren danach entlang des **Friedhofs** bis links die Stuttgarter Straße in den Stadtkern von Weil der Stadt hinein führt **10**.

Ihr folgen wir, bis rechts die Badtorstraße abgeht **11**. Nun haben wir zwei Möglichkeiten. Hier ist der schnellste Weg zum Bahnhof beschrieben, man kann aber auch, wie in Tour 11 beschrieben, durch die sehenswerte Altstadt zum Marktplatz von Weil der Stadt gehen, an dessen Ende rechts abbiegen und so zum Bahnhof gelangen.

Die Badtorstraße jedenfalls bringt uns zur querenden Paul-Reusch-Straße. Auf ihrer anderen Seite folgen wir der Jahnstraße, nach dem Schulgelände dem links abgehenden Schießrainweg. Er bringt uns hinauf zum **Bahnhof 12**.

INFOS

Freizeitkarte LGL BW 1:50000, F502 »Pforzheim«

www.grafenau-wuertt.de
www.weil-der-stadt.de

Hinfahrt: S1 bis Böblingen – Bus 766; Mo–Fr bis Dätzingen Kreuzstr. – 4 Min. Fußweg bis Dätzingen Abzweig; halbstdl.; Sa/So Bus 766 bis Dätzingen Abzweig; zweistdl.

Rückfahrt: Weil der Stadt – S6; Mo–Fr viertelstdl., Sa/So-halbstdl.

Wiesental und uriger Wald   *10*

Von Schönaich nach Böblingen

 2 Std.

 7,3 km

 140 m

Schönaich –
Krähenbachtal –
Böblingen

Wir wandern bis auf
ein kurzes Stück auf
befestigten Wegen.

Skulpturengruppe;
Grabhügel; Fach-
werkhäuser

»Im schönsten Wiesengrunde« heißt das bekannte Lied von Wilhelm Ganzhorn. Verschiedene Gegenden sind im »Verdacht«, zu dem Tal die Vorlage geliefert zu haben, die den Komponisten zu dem Lied inspirierte. Das Krähen-bachtal bei Schönaich hätte auch dabei sein können. Wir wandern ein Stück durch dieses idyllische Tal, danach durch ein Waldgebiet, das noch recht ursprünglich und naturnah wirkt. Vorbei an einem idyllischen, schilf-bestandenen See geht es weiter zur S-Bahn-Station.

Wir gehen von der **Bushaltestelle Eiche** ❶ aus kurz nach Süden und folgen der Wettgasse nach links in Richtung »Steinenbronn Waldenbuch«. Gleich darauf biegen wir rechts, dann links ab in das Kirchgässle. Links an der **Kirche** vorbei kommen wir zur querenden Großen Gasse. Auf der anderen Straßenseite geht an der **Skulpturengruppe** die Entengasse ab – als Wanderzeichen sehen wir hier den blauen Punkt.

Auf ihr wandern wir abwärts, wobei wir an schönen Fachwerkhäusern vorbeikommen ❷. Unten folgen wir dem querenden Krebenweg nach rechts. Links an der Kita

Die Skulpturen-gruppe ist von der Geschichte des Ortes inspiriert. Im Hintergrund sieht man eines der Fachwerkhäuser Schönaichs.

vorbei, erreichen wir den querenden Bühläckerweg. Hier halten wir uns rechts in den mit dem Wanderzeichen markierten Weg, der uns aus dem Ort hinausbringt.

Streuobstwiesen bieten auch im Winter einen schönen Anblick.

Bald mündet am **Wanderschild Krähenbachtal** (390 m) ❸ ein Weg ein, wir gehen aber weiter durch das überaus idyllische Wiesental. Vor der K 1074 steht das Wanderschild **Holzgerlinger Straße** (399 m). Hier halten wir uns rechts, überqueren gleich die Landstraße ❹ und folgen auf der anderen Seite dem ersten Sträßchen nach links. Es führt uns parallel zur Straße am Wald entlang. Kurz vor dessen Ende biegen wir rechts ab in einen asphaltierten Weg.

Er bringt uns bald aus dem Wald hinaus und in Streuobstwiesen. Vor der **Scheune** ❺ halten wir uns an der Verzweigung rechts und wandern bis zum **Waldrand** ❻. Hier sollten wir den großen Stein beachten. Wir gehen auf dem Bürleshauweg geradeaus in den Wald hinein. Vor der nächsten Kreuzung sehen wir links ein an einem Stein angebrachtes Schild, das auf einen keltischen **Grabhügel** hinweist.

Keltischer Grabhügel

Der Grabhügel stammt aus der frühen Keltenzeit (500 v. Chr.). Grabungen fanden in den Jahren 1930 und 1975 statt, wobei Eisenmesser und Schmuck gefunden wurden.

So klein der See ist, so idyllisch ist er auch. Er ist als Naturdenkmal ausgewiesen.

Hier biegen wir mit dem blauen Punkt rechts ab in den Breitensteiner Pfad. Am nächsten Querweg **7** halten wir uns rechts, nun geht es eine ganze Weile mit diesem Schild geradeaus durch einen prächtigen Laubwald. Er wirkt recht urtümlich, wozu auch das viele Totholz beiträgt, das hier liegen gelassen wurde.

Bald sehen wir links die **Weihdorfer Lichtung**, davor einige Ständer mit Glasmalereien **8**. Am Schild **Breitensteiner Pfad** (446 m) zieht der feste Wanderweg nach rechts, für uns geht es aber geradeaus und vorüber unbefestigt weiter.

Nach etwas bergauf stoßen wir am Schild **Zimmerschlaghalde West** (509 m) **9** auf das Zimmerschlagsträßle. In dieses biegen wir nach rechts ein und wandern zum Schild **Zimmerschlaghalde Ost** (506 m). Hier geht es weiter auf dem festen Forstweg bis zum Schild **Bei IBM** (506 m) vor einem großen Gebäude **10**.

Wir biegen mit dem blauen Kreuz links ab und kommen nach einer Rechtskurve hinab zur **Bahnlinie** **11**. Nach ihr zieht der Weg vorbei an **Sportplätzen** nach links. Am Ende der Sportplätze biegen wir rechts ab. Wo auch hier die Sportplätze aufhören kann man auf dem rechts paral-

Die Lichtung ist mit Glasbildern geschmückt.

INFOS

Wanderkarte SAV
LGL BW 1:25000,
W228 »Stuttgart«

www.schoenaich.de

Hinfahrt: S1 bis
Böblingen – Bus
760, Bus 761 bis
Schönaich Eiche;
Mo–Sa halbstdl.,
So stdl.

Rückfahrt: Böblin-
gen Zimmerschlag
– RB46 bis Böb-
lingen – S1; Mo–Sa
halbstdl., So stdl.

lel verlaufenden Weg weitergehen. Rechts liegt gleich ein
idyllischer See 12, der von Schilf umstanden und als Naturdenkmal geschützt ist.

Danach sehen wir das Schild **Oberes Wasserberger Täle**.
Wer will, kann hier die Tour um rund einen halben Kilo-
meter abkürzen, indem er nach rechts zum **Haltepunkt
Zimmerschlag** 13 geht.

Ansonsten wandern wir kurz geradeaus weiter und biegen dann links ab in Richtung »Haltepunkt Heusteigstraße«,
wo links die Straße Am Furtrain abgeht, gehen wir gleich
danach auf der Treppe hinauf zur **Haltestelle** 14.

Über den Mönchsloh ins Würmtal **11**

Von Renningen nach Weil der Stadt

🕐 **2¼ Std.**

↦ **8,3 km**

▲▲ **110 m**

✝

Renningen –
Mönchsloh –
Weil der Stadt

👢

Leichte Tour auf
guten Wegen. Nach
Renningen steigt es
etwa bis zur Mitte
der Wanderung an,
dann fällt es wieder.

📷

Renningen; Weil der
Stadt; Spitalkapelle

🍽 🏛

Weil der Stadt

*Mit einem mäßigen Anstieg verdienen wir uns bei dieser
Tour eine Höhenwanderung mit weiter Aussicht sowie
zwei alten Städtchen. Bereits der Ausgangspunkt Renningen hat einige sehenswerte Gebäude zu bieten, die ehemalige Reichsstadt Weil der Stadt ist jedoch ein Juwel unter
den Städten des Landes. Hier können wir die Wanderung
ausklingen lassen, bei einem Bummel durch die alten
Gassen, einem Museumsbesuch, oder einer Einkehr.*

W ir folgen an der **S-Bahn-Station** ❶ der Beschilde-
rung zur »Stadtmitte«. Nach der Bahnhofsanlage gehen wir zum **Wanderschild Renningen Bahnhof** (405 m)
und spazieren ab hier in der Bahnhofstraße. Etwas später
zweigen wir rechts ab in die Jahnstraße ❷ und folgen ihr

*Fachwerkromantik
in Renningen*

Renningen

In Renningen sieht man zahlreiche sehenswerte Gebäude. Am Kirchplatz findet man eine große Tafel mit dem Historischen Rundgang. Auf einer Karte sind die Standorte der sehenswerten Gebäude verzeichnet, die Erklärungen findet man direkt an den Gebäuden.

bis nach einem großen **Parkplatz**, der den **Rankbach** quert. Dort steht das Wanderschild **Seniorenzentrum** (405 m).

Wir behalten unsere Richtung bei, biegen aber kurz danach links ab in die Hintere Gasse. Sie bringt uns zum **Kirchplatz**. Hier orientieren wir uns rechts und gehen direkt links der **Kirche** ❸ zum Wanderschild **Renningen Stadtmitte** (409 m). Dort behalten wir in Richtung »Güthlerhof« unsere Richtung bei. An der **Verzweigung** gleich darauf biegen wir rechts ab in die Weil der Städter Straße.

Sie bringt uns vor die **Bahnlinie** mit der **Haltestelle Südbahnhof** ❹. Wir unterqueren sie, wobei wir unterhalb der Gleise das Wanderschild **Renningen Südbahnhof** (405 m)

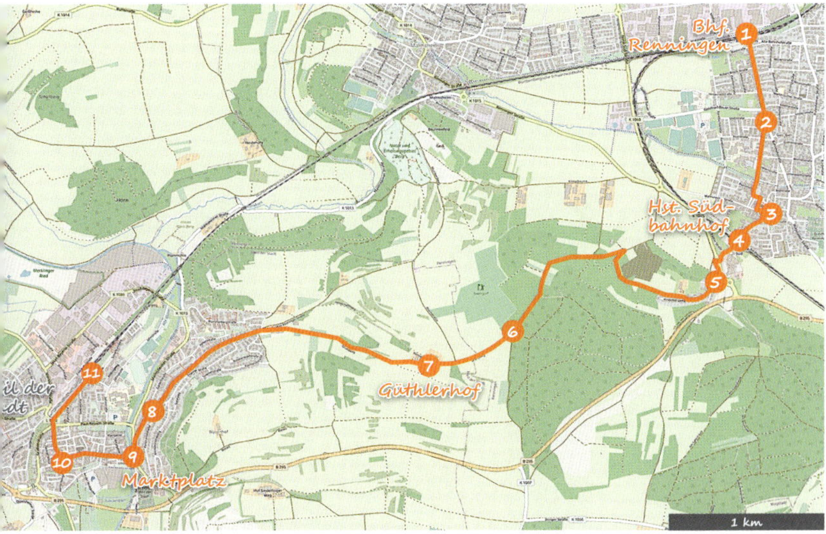

*In den Streuobst-
wiesen nach
Renningen*

sehen; ab hier gilt für uns das Wanderzeichen blauer Balken. Nach den Gleisen biegen wir rechts ab und wandern gleich darauf weiter in der Weil der Städter Straße nach links bis vor den **Kreisverkehr** ❺. Ihn umgehen wir auf seiner rechten Seite. Auf der anderen Seite halten wir uns links und nehmen bei den ersten Häusern den rechts abgehenden Kindelbergweg.

Nun steigt es an. An der Verzweigung vor dem Sackgassenschild vor der linken Straße gehen wir rechts aus dem Ort hinaus. Gleich darauf liegt rechts ein **Spielplatz**. Wir wandern nun zwischen Kleingärten und Streuobstwiesen. Bald fällt der Weg und nach einem Rechtsknick stoßen wir auf ein Sträßchen. Ihm folgen wir nach links.

Vorerst steigt es nun an. Auf der Höhe verzweigt sich der Weg bei einer **Holzscheune** und einer Art **Verkehrsdreieck** ❻. Hier orientieren wir uns am rechten Weg, der mit dem blauen Balken markiert ist. Nun geht es über die Hochfläche. Wir lassen den **Güthlerhof** ❼ rechts liegen und kommen bald zu den ersten Häusern von **Weil der Stadt**.

Die alte Renninger Straße bringt uns hinab zur Malmsheimer Straße ❽. Wir halten uns links, biegen aber gleich rechts ab in die Stuttgarter Straße ❾. Gleich rechts liegt die **Spitalkapelle**, die einen sehenswerten Schnitzaltar besitzt.

Weil der Stadt

Bei einem Bummel durch die mittelalterlichen Gassen von Weil der Stadt landet man unweigerlich am Marktplatz, dem Kreuzpunkt zweier alter Handelsstraßen. Hier stehen das Keplerdenkmal, der Untere Marktbrunnen mit dem von einem Löwen gehaltenen Adlerschild, der auf den Status einer Reichsstadt hinweist, der Obere Marktbrunnen mit dem Standbild Kaiser Karls V., das Rathaus und weitere sehenswerte Gebäude. In der Nähe liegt auch das Keplermuseum. Nicht weit weg befindet sich die Stadtkirche St. Peter und Paul. Am östlichen Ende der Stuttgarter Straße sieht man ebenfalls ein schönes mittelalterliches Ensemble. Hier steht das lang gestreckte Spital mit der 1364 geweihten und 1747 umgebauten Spitalkapelle. Sie besitzt ein schönes Fresko aus dem 14. Jahrhundert, einen berühmten spätgotischen Schnitzaltar (um 1480) eines oberrheinischen Meisters und zwei Barockaltäre. Das ehemalige Spitaltor wurde 1454 erwähnt. Hier befand sich an einer Brücke über die Würm ein Schlagbaum. Der Seilerturm stammt aus dem 15. Jahrhundert und diente einst als Gefängnis. Außer ihm sind noch weitere Türme und Reste der Ummauerung zu sehen.

Bekannt sind die Fasnetsumzüge; der schwäbisch-alemannischen Fasnet ist auch ein Museum gewidmet. 2020 hat die Weltkulturorganisation UNESCO die Narrenzunft Aha in Weil der Stadt ausgezeichnet. Sie zählt jetzt zum nationalen, immateriellen Kulturerbe.

Weil der Stadt ist ein Paradies für Freunde von Fachwerkidylle.

INFOS

Freizeitkarte LGL
BW 1:50 000, F520
»Stuttgart«

www.renningen.de
www.weil-der-
stadt.de

Hinfahrt: S6/S60
bis Renningen;
Mo–Sa mindestens
viertelstdl., So
halbstdl.

Rückfahrt: Rennin-
gen – S1, RB14;
Mo–Fr viertelstdl.,
Sa/So halbstdl.

*Am Marktplatz von
Weil der Stadt steht
das Kepler-Denkmal.*

Wir gehen immer geradeaus in das Zentrum hinein. Nach einem ersten Brunnen kommt der große **Narrenbrunnen**, danach erreichen wir den **Marktplatz** 🔟.

An seinem Ende biegen wir rechts ab in die Pforzheimer Straße. Sie bringt uns zur Ampelanlage mit der querenden Straße Grabenstraße (links)/Paul-Reusch-Straße (rechts). Dahinter steht die **Heilig-Kreuz-Kapelle**. Die zweite rechts abgehende Straße, nach der kleinen **Parkanlage**, ist die Bahnhofstraße. Sie bringt uns nach rechts zum **Bahnhof** 🔟.

12

Auf die Bäume und zur Aussicht

Über den Schönbuchturm nach Nufringen

Unterschiedliche Attraktionen erwarten uns bei dieser Tour, die vom Waldfriedhof und dem Naturfreundehaus Herrenberg erst hinauf zum Schönbuchturm führt, dann aber hinab nach Nufringen zur S-Bahn-Station. Unterwegs kann man sich im Waldseilgarten vergnügen oder seinen Mut beweisen, was nicht nur für Kinder eine spannende Angelegenheit ist.

 2 Std.

 5,5 km

 50 m

Wir sollten zuerst am **Ausgangspunkt** vor dem **Naturfreundehaus** ❶ nach rechts durch den **Parkplatz** gehen. Der **Schönbuchturm** ❷ kann nicht verfehlt werden, denn man findet nicht nur einige Informationstafeln unterwegs, sondern auch Schilder, die zum »Aussichtsturm« weisen. Dieser Abstecher dauert hin und zurück etwa eine halbe Stunde.

Zurück am **Naturfreundehaus** ❶ folgen wir dem Weg, der parallel zur Straße nach Herrenberg verläuft. Er ist mit dem Wanderzeichen roter Strich in Richtung »Jahnhütte Waldseilgarten« markiert.

Herrenberg/Waldfriedhof – Schönbuchturm – Jahnhütte – Nufringen

Wir wandern auf guten Wegen.

Schönbuchturm; Steighäusle; Habitatsbaumgruppen

🍴 🍺
Naturfreundehaus

Schönbuchturm

Der Schönbuchturm auf dem
Herrenberger Stellberg ist 35 m
hoch. Er besteht aus einer
Konstruktion aus heimischem
Lärchenholz und Stahlseilen.
Zwei gegenläufige Treppen mit
348 Stufen winden sich spiral-
förmig nach oben. Drei Platt-
formen erwarten die Besucher,
von denen aus sie einen fantasti-
schen Blick über den Schönbuch,
ins Heckengäu, zum Schwarz-
wald und zur Schwäbischen Alb
haben.
www.schönbuchturm.de

Kurz danach, am Schild **Am Steighäusle** (556 m) ❺, gehen wir im Alten Rain Weg geradeaus weiter. Links sehen
wir das pittoreske **Steighäusle**. Etwas später liegt links der
Aussichtspunkt Am Alten Rain ❹ direkt über der Autobahn, von dem aus wir einen herrlichen Blick nach Süden
über das Gäu auf die Schwäbische Alb haben. Dass der mit

*Blick vom Aussichts-
punkt Am Alten Rain
über das Ammertal zur
Schwäbischen Alb*

Steighäusle

Das Steighäusle war früher eine Unterkunft für Förster und Waldarbeiter. Es ist ein pittoreskes altes Fachwerk-Backsteinhäuschen, das mit Schnitzwerk geschmückt ist.

dem roten Punkt markierte Weg gleich danach links abgeht ignorieren wir. Bald sind wir am Gelände der **Jahnhütte**, wo sich ein Spielplatz und eine Spielwiese, außerdem der **Waldseilgarten** befinden ❺.

Nun fällt der Weg. Später, bevor wir in die Wiesen kommen, können wir nach links einen kurzen Abstecher zum **Aussichtspunkt Kapf** ❻ machen. Der asphaltierte Wanderweg führt danach an einem Bunten Mergel-Aufschluss vorbei. Wir wandern nun durch die Streuobstwiesenlandschaft bis zu einer Gruppe von Kiefern und dem Schild Äußere Ebene ❼. Hier biegen wir rechts in Richtung »Böblingen Rohrau« ab.

Kurz danach liegt links ein ehemaliger **Steinbruch**, in dem Schilfsandstein gebrochen wurde. Nach einer rechts liegenden Streuobstwiese kommen wir in den Wald. Nun wandern wir im Prinzip immer geradeaus weiter; Wandermarkierungen gibt es hier nicht.

Unterwegs weist ein Schild auf **Habitatsbaumgruppen** hin. Dass der Wald hier recht naturnah ist, sehen wir auch an dem vielen Totholz, das hier herum liegt. Nach einiger Zeit stoßen wir auf eine große Wiese, hinter der wir einen **Sportplatz** sehen ❽. Hier biegen wir links ab. Wo kurz darauf das Sträßchen vom Sportplatz kommt, geht es in der Straße Kuhsteige geradeaus weiter ❾.

INFOS

Wanderkarte SAV LGL BW 1 : 25 000, W237 »Tübingen – Schönbuch«

www.schoenbuch turm.de
www.herrenberg.de
www.waldseilgarten-herrenberg.de

Hinfahrt: S1 bis Herrenberg – Bus 782 bis Herrenberg Waldfriedhof; S-Bahn bis Herrenberg – Bus bis Waldfriedhof; Mo–Fr halbstdl., Sa/So stdl.

Rückfahrt: Nufrigen – S1; mindestens halbstdl.

Habitatbaumgruppen

Die weiße Wellenlinie an manchen Bäumen weist auf sogenannte Habitatbaumgruppen hin. Diese bestehen aus 10 bis 15 Bäumen. Einer oder mehrere davon besitzen eine besondere Struktur, die manche Arten von Lebewesen zum Überleben benötigen. Zu den Bäumen gehören Horst- und Höhlenbäume, Bäume mit dürren Ästen in der Krone oder faulen Stellen, besonders alte und dicke Bäume, Bäume mit Insektenbefall, Bäume mit starkem Moos- oder Efeubewuchs und Bäume mit ungewöhnlicher Form. In der Baumgruppe werden keine Bäume gefällt; sie sollen auf natürliche Art absterben und zerfallen. Die Förster des Landes wählen in allen älteren Wäldern alle drei Hektar eine solche Baumgruppe aus, sodass sich im Laufe der Zeit ein für den Artenschutz nützliches Netz aus solch uralten Bäumen und Totholz entwickelt.

Sie bringt uns, vorbei am **Friedhof**, zur querenden Rohrauer Straße. Wir überqueren bald die Umgehungsstraße und spazieren geradeaus weiter bis zur **Bahnlinie**. Zum **Bahnhof** 🔟 halten wir uns vor den Gleisen im Lerchenweg links.

Landkreis
Esslingen

Durch den Wald zum Aussichtsturm   **13**

Von Aichschieß nach Plochingen

2 Std.

7,7 km

10 m

Aichschieß –
Stumpenhof/
Jubiläumsturm –
Plochingen

Bis auf kurze Abschnitte auf unbefestigtem Weg wandern wir auf festen Forstwegen und Straßen. Es geht fast nur bergab.

Jubiläumsturm;
Stadtkirche St. Blasius; Marktplatz
in Plochingen mit
Fachwerkhäusern
und Skulpturen
von K. U. Nuss,
Anlage »Wohnen
unterm Regenturm«; Plochingen;
Fachwerkhäuser

Stumpenhof;
Plochingen

*Blick vom Jubiläumsturm in Richtung
Neckartal*

In Plochingen, dem Ziel dieser Wanderung, wurde einst der Schwäbische Albverein gegründet. Wanderfreunde im Land haben ihm viel zu verdanken. Nicht zuletzt auch den Aussichtsturm auf dem Stumpenhof, an dem die Tour vorbei führt. Davor wandern wir durch ein schönes Waldgebiet und abschließend durch die Innenstadt von Plochingen. Mit einigen historischen Gebäuden, Kirchen und der Ottilienkapelle sowie dem modernen Hundertwasserhaus und der außergewöhnlichen Toilettenanlage gibt es hier einiges zu sehen. Nach dem Wald bis hinter dem Aussichtsturm bietet sich uns immer wieder eine schöne Aussicht.

Von der **Haltestelle Kreuzung** ➊ in **Aichschieß** gehen wir zuerst zum **Kreisverkehr** und dann in Richtung »Plochingen« weiter. Nach dem letzten Haus biegen wir im rechten Winkel links ab und wandern zwischen Ortsrand und Feldern bis der Weg nach links aus dem Ort zieht.

Hier biegen wir rechts ab ➋, auf den Wald und die **Elektromasten** zu. Dort finden wir auch das Wanderzeichen blauer Punkt. Es geht weglos etwas hinab zum **Waldrand**, wo wir nach rechts verwiesen werden. Ein breiter Naturweg bringt uns zu einem festen Forstweg.

INFOS

Wanderkarte SAV LGL BW 1:25000, W229 »Göppingen«

Wanderkarte NaturNavi 1:25000, 52-539 »Stuttgart Südost«

www.plochingen.de albverein.net

Hinfahrt: S1, RE5, RE10, RB16, RB18 bis Esslingen (N) – Bus 114 bis Aichschieß Kreuzung; Mo–Sa halbstdl., So stdl.

Rückfahrt: Plochingen – S1, RE5, RE10, RB16, RB18; mindestens viertelstdl.

Auf seiner anderen Seite führt ein Pfad hinab zum **Gunzenbach** ❸, danach wieder hinauf zu einem Forstweg. Sollte die Brücke gesperrt sein, überquert man den Bach auf Trittsteinen. Sollte dies wider Erwarten nicht möglich sein, geht man wieder hinauf zum festen Forstweg und auf diesem nach links zur L 1201. Dort biegt man links ab, kurz danach noch einmal und erreicht auf dem Forstweg die erwünschte Stelle, an der man von der Brücke heraufgekommen wäre.

Auf der anderen Seite des Forstweges steigen wir auf dem Pfad an, nun mit dem Wanderzeichen blaues Kreuz. Es führt uns bald links parallel zur L 1201, dann geht es mit einem Rechtsschwung hinauf zu einem Forstweg links der Straße. Hier wandern wir nach links durch die Schranke hindurch im Kirschbaumweg weiter.

Diese große Eule ist auch für Kinder eine willkommene Abwechslung.

Gleich danach werden wir nach rechts über die Straße verwiesen ❹. Auf der anderen Seite wandern wir im Hirsch-brunftweg mit dem Wanderzeichen roter Balken weiter. Am querenden Saissleshauweg halten wir uns links, dann aber gleich wieder rechts.

Bald überqueren wir die L 1150. Wieder im Wald, kommen wir zu einer **Verzweigung** ❺. Hier nehmen wir mit dem blauen Kreuz den zweiten Weg von links (Oberer Balkeshauweg). Nach einiger Zeit weist an einer Eibe ein Schild auf ein ehemaliges **keltisches Hügelgrab** aus der Zeit 600 v. Chr. hin. Von dem Hügel ist allerdings nichts mehr zu sehen.

Später mündet von links ein Weg ein, danach sehen wir eine hölzerne **Eule** und nach ihr kommen wir zu einer Verzweigung ❻. Hier nehmen wir das links abgehende Stellebrunnensträßle. Es bringt uns zu den ersten Häusern des Stadtteils **Stumpenhof**. Wir wandern erst rechts der Schorndorfer Straße, dann überqueren wir sie bei **Haus Nr. 11** und gehen auf der anderen Seite in derselben Richtung weiter.

Nach dem **Café** am Teckplatz – in ihm erhält man gegen Pfand den Schlüssel zum Aussichtsturm – überqueren wir wieder die Straße zum Aussichtsturm. Hier gehen wir kurz in der Straße Am Aussichtsturm weiter, zuerst sollten wir aber den links stehenden **Aussichtsturm** ❼ besteigen.

Danach gehen wir in der Straße Am Aussichtsturm kurz bergab, dann zweigen wir mit dem Zeichen rechts ab in den Stückelbergweg. Er bringt uns hinab zur querenden Beethovenstraße. ❽ Wir halten uns links, an ihrem Ende rechts und dann gleich wieder rechts.

Gleich darauf sehen wir in einiger Entfernung, unten in der Stadt, das Hundertwasserhaus mit den markanten goldenen Kugeln. Wir gehen nun immer bergab. Vor der Weiherstraße liegt rechts ein Spielplatz. Kurz danach gehen wir nach links zur Schorndorfer Straße und folgen ihr kurz nach rechts. Kurz darauf biegen wir rechts ab in die Bismarckstraße ❾.

Kurz danach biegen wir links ab in die Schulstraße. Sie knickt gleich rechts ab. Ab jetzt geht es im Prinzip immer geradeaus. An der querenden Moltkestraße kann man nach links einen Abstecher zur **Stadtkirche St. Blasius** machen, ansonsten folgen wir der Schulstraße zum **Markt**, der von sehenswerten Gebäuden und der Ottilienkapelle umstanden ist.

Jubiläumsturm

Zum 50-jährigen Jubiläum hat sich der Schwäbische Albverein selbst ein Geschenk gemacht: den Jubiläumsturm (399 m). Bereits 1892 entstand hier ein 12 m hohes Holzgerüst. Es kostete 1977 Mark (heute etwa 10 500 €), woran sich der Schwäbische Albverein mit 225 Mark beteiligte. Der heutige Turm ist 14 m hoch und wurde 1938 zum 50-jährigen Jubiläum des Schwäbischen Albvereins errichtet. Er ist aus dem in der Gegend vorkommende Angulatensandstein erbaut und erweckt den Eindruck eines wehrhaften Bergfrieds.

Plochinger Marktplatz

Der Plochinger Marktplatz wird von einigen Fachwerkhäusern und dem ältesten Gebäude der Stadt, der Ottilienkapelle, umrahmt. Etwas Besonderes sind auch »Les Toilettes«, eine von dem berühmten elsässischen Graphiker, Illustrator, Autor und Satiriker Tomi Ungerer gestaltete Toilettenanlage. Die Damentoilette bietet einen behindertengerechten Zugang. Am Fischbrunnenplatz links abgebogen erreicht man die Anlage »Wohnen unterm Regenturm«. Der Innenhof mit der Häuserfassade wurde von dem bedeutenden österreichischen Künstler Friedensreich Hundertwasser gestaltet.

Wir spazieren nun durch die **Fußgängerzone**. Schließlich stoßen wir auf die Esslinger Straße. Ihr folgen wir nach rechts bis zur links abgehenden Bahnhofstraße. Sie bringt uns zum **Bahnhof** 🔶 von Plochingen.

14   Mit weiter Aussicht bergab

Von Heumaden nach Esslingen

»Aussicht« ist vielleicht der Überbegriff dieser Wanderung. Gleich zu Anfang haben wir von der Haltestelle aus einen Blick auf die »Blaue Mauer«, die langgestreckte Kette der Berge der Schwäbischen Alb, die sich hinter den Feldern auftürmt. Nach einem Stück durch Wald und zwischen Feldern kommen wir zu einem wunderbaren Panoramaweg, der uns den Blick auf Esslingen und die Höhenzüge hinter der ehemaligen Reichsstadt, einschließlich Blick zur Grabkapelle auf dem Rotenberg, bietet. Will man nicht die ganze beschriebene Tour wandern bietet die Wanderung die Möglichkeit, sie am Anfang oder am Schluss abzukürzen.

W ir überqueren bei der **Stadtbahnhaltestelle Heumaden** ➊ die Kirchheimer Straße und halten uns dort links. Nach rechts bietet sich über die Felder ein grandioser Blick auf die Kette der Albberge, der »Blauen Mauer« nach Eduard Mörike. Es geht kurz parallel zur Straße, dann zieht der Weg nach rechts und trifft bald auf die Heumadener Straße. Dort können wir einen **mächtigen alten Baum** bewundern. Kurz darauf überqueren wir die Straße ➋ und halten uns auf ihrer anderen Seite links.

Wir treffen wieder auf die Kirchheimer Straße, überqueren sie und gehen kurz geradeaus weiter. Bald geht ein Feldweg nach rechts ab ➌. Ihm folgen wir. Etwas später überqueren wir die Stadtbahnlinie und biegen gleich nach ihr links ab. Nun wandern wir parallel zu den Gleisen nach Ruit. Dort bringt uns die Grabenäckerstraße zur **Stadtbahnhaltestelle Ruit** ➍.

 2 Std.

 8 km

 –

Stuttgart-Heumaden – Ruit – Parksiedlung – Esslingen

Die Wanderung verläuft erst fast eben, danach entlang einer Straße bergab. Wir gehen ständig auf festen Wegen. Startet man die Tour an der Stadtbahnhaltestelle Ruit, ist sie 3 km und 40 Min. kürzer. Beendet man sie bereits an der Bushaltestelle Mutzenreis, ist sie 1,6 km und 20 Min. kürzer.

Domäne Weil; evangelische Stadtkirche; Altstadt in Esslingen; Fachwerkhäuser

Domäne Weil; Esslingen

Mächtiger Baum vor der Domäne Weil

Von dem Panorama-weg hat man einen prächtigen Blick über das Neckartal zu den gegenüber liegenden Höhen.

Wir orientieren uns links in die Hedelfinger Straße und zweigen nach ihrer Linkskurve mit dem Wanderzeichen rotes Kreuz rechts ab in die Brühlstraße. Nach einer Rechtskurve kommen wir an den **Ortsrand**. Hier gehen wir nach rechts weiter, folgen aber nicht der in den Ort hineinziehenden Straße Im Holder sondern dem Weg Am Maierwald links der Häuser.

INFOS

Wanderkarte SAV
LGL BW 1:25000,
W228 »Stuttgart«
und »Kirchheim
unter Teck«

Wanderkarte
NaturNavi 1:25000,
52-539 »Stuttgart
Südost«

www.esslingen.de

Hinfahrt: U7 bis
Heumaden oder
Ruit; alle 10 Min.

Rückfahrt: Esslin-
gen (N) – S1, RE5,
RE10, RB16, RB18;
mehrmals stdl.

Bei Abkürzung:
Zollberg Mutzen-
reis – Bus 122 bis
Esslingen (N);
halbstdl.

Vor einem querenden **Häuserblock** biegen wir links ab
in den Buchenweg. Es geht bald an einem links liegenden
Parkplatz vorbei, etwa in seiner Mitte weist uns ein Wanderzeichen in den Wald ❺.

Nach seinem Ende geht es auf einer Freifläche auf dem
ersten Teil des Panoramawegs Parksiedlung weiter. Nach
links sieht man hier hinab ins Neckartal, nach Esslingen

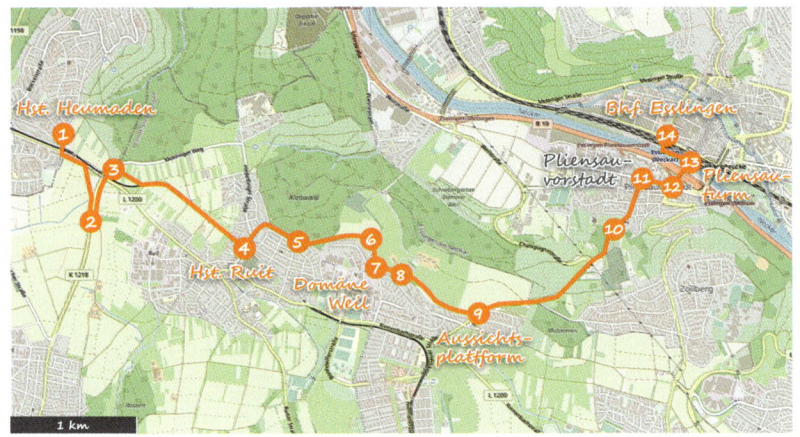

und zu den dahinter liegenden Höhen. Kurz darauf sieht man links auch das Kreiskrankenhaus und die Grabkapelle auf dem Rotenberg.

Schließlich treffen wir auf die querende Parkstraße ⑥. Ihr folgen wir nach rechts. An der nächsten Kreuzung halten wir uns links in Richtung **Domäne Weil** ⑦. Nach etwas bergab sehen wir links ein **großes Gebäude** und einen mächtigen **Baum** ⑧. Hier biegen wir mit dem Wanderzeichen rotes Kreuz rechts ab, nun wieder auf dem Panoramaweg Parksiedlung.

Domäne Weil

König Wilhelm I. erklärte 1817 die Domäne Weil zum Königlichen Privatgestüt. Nach 1932 wurde die erst hier betriebene Araberzucht im Haupt- und Landgestüt Marbach weitergeführt. König Wilhelm II. errichtete im Talgrund eine Pferderennbahn. Rennen dort fanden bis zum Beginn des Ersten Weltkriegs statt. Der auch Schloss Weil genannte Königliche Pavillon wurde 1818 nach den Plänen von Giovanni Salucci erbaut.

Die Sicht ist weiterhin beeindruckend, nur dass wir jetzt noch die Domäne Weil im Vordergrund haben. Damit man die Aussicht auch richtig genießen kann, laden Bänke zur Rast. Wir kommen an einem schönen **Spielplatz** vorbei, danach erreichen wir die querende Breslauer Straße. Hier befindet sich auch eine große **Aussichtsplattform** ❾, von der aus man den Blick ein letztes Mal genießen kann.

Nun biegen wir links ab und wandern entlang der Straße in Richtung Esslingen. Sie geht bald in die Hohenheimer Straße über. Nach der Abzweigung zum Pliensaufriedhof liegt rechts die **Bushaltestelle Mutzenreis**. Von ihr aus könnte man zum Bahnhof Esslingen fahren. Die in einem großen Bogen links abgehende Champagnestraße ignorieren wir und spazieren geradeaus weiter. Es folgt die **Haltestelle Pliensaufriedhof**, an der man die Tour ebenfalls beenden könnte.

Etwas später, am ersten Haus mit der **Nummer 77** ❿, und vor der leichten Rechtskurve, zweigen wir links ab auf den Fußgängerweg Spitalsteige. Rechts oben sehen wir bald

Esslinger Altstadt

Wer noch Zeit und Lust hat, sollte der historischen Altstadt von Esslingen einen Besuch abstatten. Man folgt hierzu nördlich des Bahnhofs der Berliner Straße, die einen zum Marktplatz bringt. Dort findet man zahlreiche interessante Fachwerkgebäude, auch die sehenswerten Kirchen liegen in der Nähe. Man sollte sich einfach durch die alten Gassen treiben lassen, um die einstige Reichsstadtherrlichkeit auf sich wirken zu lassen.

eine beeindruckende Backsteinanlage, die evangelische **Südkirche**. Danach quert die Hohe Straße, wir gehen aber geradeaus in der Breitenstraße bis zur querenden Stuttgarter Straße 🔟. Ihr folgen wir nach rechts bis vor die große Querstraße Brückenstraße 🔟. Hier biegen wir links ab auf den Fußgängerweg **Pliensaubrücke**, auf dem wir den Neckar überqueren. Auf der anderen Seite beim **Pliensauturm** 🔟 werden wir bereits schon zur »S-Bahn« nach links verwiesen. Es geht etwas bergab, dann unterqueren wir die Gleise in Richtung **Bahnhof** 🔟; zu den Bahnsteigen geht es bereits vorher hinauf.

15

Geschichtsträchtig über die Filder

Von Echterdingen ins Siebenmühlental

Über die Filder zu wandern, ist eigentlich eine bequeme Sache, ist diese Landschaft doch bekanntermaßen topfeben. Allerdings ist diese Tour mit einem kurzen Anstieg auf die Weidacher Höhe verbunden – die Belohnung ist dann das gemütliche Bergab hinterher. Außer der Felderlandschaft mit vielen Krautäckern wandern wir durch einen Wald und besuchen einige Erinnerungen an frühere Zeiten, darunter informative Stationen auf zwei historischen Lehrwegen. Am Schluss gibt es eine interessante, wenn auch optionale Erweiterung.

🕐 **2½ Std.**

↦ **8,6 km**

🔺 **110 m**

✝ Echterdingen – Weidacher Höhe – Musberg/Siebenmühlental

🥾 Die Tour verläuft meist auf festen Wegen, nur kurze Stücke unbefestigt. Unternimmt man die Erweiterung über den Eichberg, kommen noch 1,9 km, 20 Höhenmeter und etwa 30 Min. Wanderzeit dazu.

📷 Zeppelinstein/ -denkmal; Keltischer Grabhügel; Mammutbaum; Mäulesmühle; Naturschutzgebiet Musberger Eichberg; Eselsmühle

🍴🏛 Weidacher Höhe (Nähe P); Mäulesmühle; Eselsmühle

Wir gehen am **Echterdinger Bahnhof** zum **Parkhaus**  und biegen dort in die Burgstraße ein. Kurz danach überqueren wir die Plieninger Straße und wandern danach bis links die Straße Im Wengert abgeht ❷. Ihr folgen wir nach links. Wer sich allerdings das sehenswerte Echterdinger Zentrum ansehen möchte geht hier noch geradeaus weiter; der Kirchturm ist ja bereits zu sehen.

Ansonsten folgen wir der Straße im Wengert bis zur querenden Bismarckstraße ❸. Ihr folgen wir nach rechts. Später führt sie als Brühlstraße weiter und bringt uns zur querenden Gartenstraße ❹. Dort biegen wir links ab. Am Ortsende liegt links der **Spielplatz Zaunackerstraße**. Wir gehen noch geradeaus weiter, biegen aber an der nächsten Kreuzung vor dem Gebäude rechts ab ❺.

An der nächsten Kreuzung halten wir uns links. Nun wandern wir zwischen Äckern und mit Blick auf Stetten auf den Fildern und die ferne Schwäbische Alb zum **Zeppelindenkmal** ❻.

Dort biegen wir rechts ab. Bei **eingefriedeten Grundstücken** zieht der Weg sanft nach rechts, danach biegen wir im rechten Winkel rechts ab ❼. Weiter durch die Felder kommen wir zu einer **Anlage von Netze bw**, dahinter zur **K 1226** . Hier halten wir uns kurz links, dann gleich wieder rechts. Nun geht es durch Streuobstwiesen hinauf. Bald treffen wir auf den mit dem roten Punkt mar-

Zeppelinstein

Die Anlage mit dem Zeppelin-
stein erinnert an das Unglück vom
5. August 1908. Hier musste der
Luftschiffpionier Ferdinand Graf
von Zeppelin wegen eines Mo-
torschadens mit seinem Luftschiff
LZ 4 notlanden – es war die erste
Landung eines Luftschiffs auf fes-
tem Boden. Sofort eilten Tausende
von Neugierigen herbei. Durch
ein Gewitter wurde die LZ 4 noch
am selben Tag zerstört. Eine große
Spendenaktion, die »Zeppelin-
spende des deutschen Volkes«,
brachte aber mit einer Summe von
über sechs Millionen Goldmark
so viel Geld zusammen, dass Graf
Zeppelin weiterarbeiten konnte.

kierten Wanderweg. Immer nach links ziehend folgen wir
ihm, wobei wir einen weiten Blick über den Flughafen und
die Filderebene zur Schwäbischen Alb haben. Schließlich
treffen wir auf der Höhe vor dem Wald auf den querenden
Waldheimweg **9**.

Ihm folgen wir nach rechts. Vorbei an einem links liegenden großen **Gedenkstein**, dessen Inschrift an den Krieg
1871 erinnert, und einer **Gaststätte** mit dem **Spielplatz
Waldheim**, kommen wir zur **Wegspinne** beim Parkplatz
auf der **Weidacher Höhe** **10**.

Der erste links abgehende Weg ist die historische Alte
Poststraße, auf der schon berühmte Persönlichkeiten ge-

zogen sind, darunter auch Goethe auf seiner Reise in die Schweiz. Wir nehmen aber den zweiten Weg, die Pflanzschulallee.

Nach einem Sendemasten folgen wir den Zeichen »Lehrpfad« und LE5 nach links auf einen Pfad. Vorbei an den **Informationstafeln** zur **Waldgeschichte** und dem **Echterdinger Wald** erreichen wir wieder den festen Weg.

Rechts befinden sich eine große **Spielwiese** mit einer Schutzhütte und einer Grillstelle. Historisch interessierte Wanderer machen einen Abstecher dorthin. Gleich am Anfang der Wiese biegen wir links ab und kommen am Waldrand zu einigen **keltischen Grabhügeln** ⑪. Sie sind auf einer Tafel erklärt. Danach gehen wir wieder zurück.

Wir folgen der Verlängerung der Pflanzschulallee, der Sulzallee. Bald werden wir mit dem **Lehrpfadschild** nach rechts verwiesen ⑫. Auch hier kann man einen kurzen Abstecher zu einer weiteren Informationstafel machen. Dazu gehen wir noch kurz geradeaus weiter, dann geht es nach rechts zur Tafel **Waldgerechtigkeiten** ⑬. Danach kehren wir aber wieder zurück.

Vorbei an der **Tafel »Von der Steinzeit bis ins Mittelalter«** kommen wir zu einer Lichtung. Hier sehen wir einen **keltischen Grabhügel**, aber als interessanteste Station des Lehrwegs eine Sammlung aller der im Land gefundenen keltischen **Götter- und Totenstelen** ⑭.

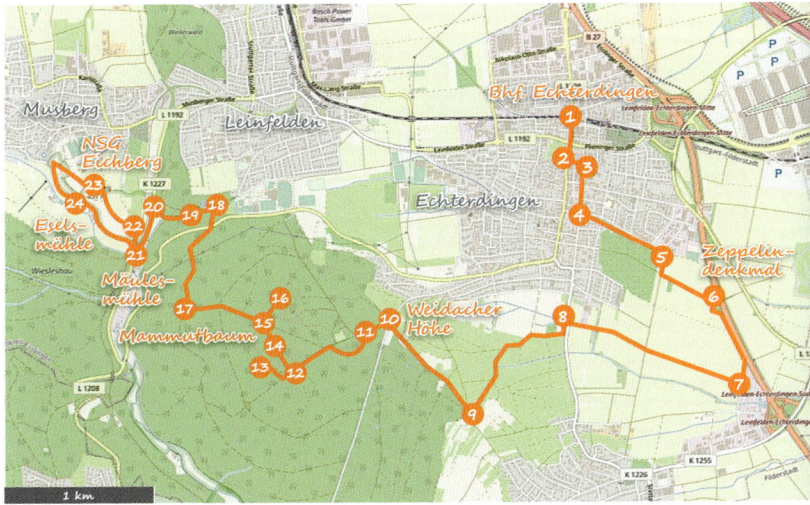

Mammutbäume

Mammutbäume, auch Wellingtonien genannt, wurden erst 1850 in der Sierra Nevada entdeckt. Die ersten Bäume kamen 1853 nach Europa. In Württemberg ließ König Wilhelm I. Samen in der Wilhelma aussäen. Die Topfpflänzchen wurden 1865 an die Staatswaldungen im Land verteilt, um zu erproben, ob dieser Baum auch in unseren Wäldern heimisch wird. In Amerika gibt es Mammutbäume im Alter von bis zu 4000 Jahren, bis zu 120 m hoch und mit einem Durchmesser von über 15 m.

Mäulesmühle

Die Mäulesmühle wurde 1383 erstmals erwähnt. Der Name kommt von der Familie Mayhle, die 1694–1764 die Metzgermühle, wie sie damals hieß, bewohnte. Bekannt ist sie heute als Aufführungsort der Mundart-Theatergruppe »Komede-Scheuer« mit ihrem Paradestück »Hannes und der Bürgermeister«. Der heutige Bau stammt von 1819, nach Umbauten ist sie heute wohl die am besten erhaltene Mühle der Umgebung. Im Mühlenmuseum sind Geschichte und Technik des Müllerhandwerks dokumentiert, hier gibt es auch ein funktionsfähiges Mahlwerk von 1819. Das große Mühlrad hinter dem Haus kann auch außerhalb der Öffnungszeiten besichtigt werden.

In der Mäulesmühle ist das interessante Mühlenmuseum untergebracht.

Wir folgen dem Pfad weiter zur querenden Stangen-
allee **15**. Auf der anderen Seite sehen wir einen **Mammutbaum**. Unser Weg führt hier nach links weiter. Wer aber zuerst zu einer Keltischen Viereckschanze möchte, geht noch
kurz geradeaus, dann nach rechts weiter. Bald trifft man auf
den noch vorhandenen **Wall** und eine Tafel **16**. Danach
kehrt man wieder zurück zum **Mammutbaum 15**.

Dort biegen wir rechts ab und folgen dem Weg mit
dem Wanderzeichen rotes Kreuz. Bald überqueren wir die
Rasierbuckelallee, dann geht es auf dem nicht umsonst
»Der Steile« genannten Weg hinab zur querenden Hagen-
buchenallee. Auf ihr gehen wir nach rechts **17**.

Von links mündet nach einiger Zeit der Seeweg ein, wir
gehen aber nach rechts weiter. Bald überqueren wir die
L 1208. Nach einer Schranke halten wir uns vor einer Art
Verkehrsdreieck 18 links und treffen nach einer links steil
abfallenden, tiefen Schlucht auf das idyllische **Jakobsbrün-
nele 19**. Dieses bietet sich zusammen mit der dort stehenden Bank zu einer geruhsamen Rast an – allerdings ist es
nun auch nicht mehr weit zum Ziel.

Kurz nach dem Brunnen halten wir uns an der Verzweigung links in den Unteren Banholzweg. An der Verzweigung im Tal gehen wir nach links **20**, überqueren einen
Bach und wandern durch einen Hohlweg. Er führt uns vor
die **Mäulesmühle 21**. Kurz vor ihr gehen wir nach rechts
zum **Reichenbach**; er durchfließt das bekannte Siebenmühlental. Nach links geht es zur Mühle, wo man einkehren oder das Mühlenmuseum besichtigen kann. Hinter dem
Gebäude findet man das riesige Mühlrad. Es kann auch besichtigt werden, wenn Museum und Gaststätte geschlossen sind.

Ansonsten gehen wir parallel zum Reichenbach nach
rechts zu dem großen **Viadukt**. Auf ihm verläuft der sogenannte Bundeswanderweg, der das Siebenmühlental
durchquert. Hier befindet sich auch die **Bushaltestelle
Eselsmühle 22**.

Nun müssen wir uns überlegen ob wir nicht noch eine
Erweiterung unternehmen. Hierfür gibt es **drei Varianten**:
Geradeaus geht es auf dem Sträßchen unter dem Viadukt
zur **Eselsmühle 23**. Dort kann man Produkte in Demeter-
qualität einkaufen, einkehren, die Geologische Sammlung
oder das alte Mühlrad bewundern. Nach rechts steigen wir
nach dem Viadukt auf Treppenstufen hinauf zum **Bundes-**

INFOS

Wanderkarte SAV
LGL BW 1 : 25 000,
W228 »Stuttgart«

Wanderkarte
NaturNavi 1 : 25 000,
50-539 »Stuttgart
Südwest«

www.leinfelden-
echterdingen.de
www.bio-restaurant-
maeulesmuehle.de
www.maeules
muehle.de

Bei der Stadt Lein-
felden-Echterdin-
gen kann man sich
Faltblätter zum His-
torischen Pfad Ech-
terdingen und zum
Geschichtlichen
Lehrpfad auf der
Weidacher Höhe
besorgen, außerdem
sogenannte Guest
Guides mit Wande-
rungen, Radtouren
und Spaziergän-
gen im Stadtgebiet
sowie im Sieben-
mühlental. Alle Ver-
öffentlichungen sind
kostenlos. Bestell-
adresse: marketing
@le-mail.de

Hinfahrt: S2, S3
bis Echterdingen;
mehrmals stdl.

Rückfahrt: Mus-
berg Eselsmühle
– Bus 826 bis Lein-
felden – S2, S3;
halbstdl.

Eselsmühle

Die Eselsmühle wurde im Jahre 1451 als »Milin am Eychberg« genannt. Der Name Eselsmühle kam

zum ersten Mal 1582 auf. Gemahlen wird heute noch. Angeschlossen sind ein Verkauf (seit 1954 Demetergetreide) und eine Gaststätte. In der Wasserkammer befindet sich ein zu besichtigendes, oberschlächtiges Wasserrad. Außerdem kann man neben dem Verkaufsraum eine interessante mineralogisch-geologische Sammlung besichtigen. Schön für Kinder sind auch die Tiere wie zum Beispiel Esel und frei laufendes Federvieh. www.eselsmühle.com

Naturschutzgebiet Musberger Eichberg

Das Naturschutzgebiet Musberger Eichberg bestand ursprünglich aus einem lichten Eichenwald, weshalb es auch schon 1451 Eichberg genannt wurde. Als erstes wurden 1983 zwei Solitäreichen, eine davon

über 200 Jahre alt, als Naturdenkmale geschützt. 1993 wurden ein Bereich mit Eichen und Hecken auf der Hochfläche sowie der Südwesthang mit seinem Halbtrockenrasen als flächenhafte Naturdenkmale unter Schutz gestellt. 2007 hat man diese Naturdenkmale in das neue Naturschutzgebiet »Musberger Eichberg« integriert. Im Nordwesten des Gebiets stand im Mittelalter eine Kleinburg. Hier wurden schon 136 verschiedene wildlebende Pflanzenarten gezählt. Dazu gehören Besonderheiten wie Karthäuser-Nelke, Mücken-Händelwurz, Weidenblättriger Alant und Fransen-Enzian. An seltenen Tierarten fand man 40 Arten von Tag- und Nachtfaltern, an Reptilien zum Beispiel die stark gefährdete Schlingnatter, sowie 63 Vogelarten. Unter diesen befanden sich Wendehals, Dorngrasmücke und Neuntöter.

wanderweg. Hier folgen wir aber dem Weg links davon, der uns zum **Naturschutzgebiet Eichberg** mit den mächtigen Bäumen führt . Von hier aus hat man einen Blick ins Siebenmühlental, die bewaldeten Hügel drumherum und zum ehemaligen Skihang »Piz Mus«. Von diesen beiden Zielen kann man auf demselben Weg wieder zurückgehen. Als dritte Variante lassen sie sich aber auch verbinden. Hierzu geht man zuerst auf den **Eichberg** 🔴 und folgt dem links der großen Eiche weiterführenden Pfad. Bald führen nach links Stufen hinab. Der Weg zieht dann nach rechts und wir wandern zwischen Streuobstwiesen zu einem geschotterten Weg, auf dem wir nach links hinab ins Siebenmühlental gehen. Dort biegen wir links ab in den Mühlweg und wandern, vorbei an der Oberen Mühle und der **Eselsmühle** 🔴, zurück zum **Viadukt** und zur **Bushaltestelle** 🔴.

Auf dem Weg vom Eichberg zur Eselsmühle. Links im Hintergrund ist der ehemalige Skihang Piz Mus zu sehen.

Zu Höhle und Burg   **16**

Hinauf zur Sybillenhöhle und zur Teck

🕐 **2¾ Std.**

↦ **8,4 km**

▲ **340 m**

✝

Unterlenningen –
Sattelbogen –
Gelber Fels – Burg
Teck – Owen

👢👢

Am Anfang steigt
man nur an, ab der
Burg Teck geht es
dann, teilweise steil,
wieder hinab. Der
Anstieg zum Sattel-
bogen verläuft auf
einem festen Weg,
danach wechseln
sich schmale Pfade
und feste Wege ab.

📷

Sibyllenhöhle; Burg
Teck; Marienkirche
in Owen; ehemalige
Stadtbefestigung
Törlesrain

🍴🏛

Teck; Owen

*Die Burg Teck gehört zu den beliebtesten Burgen am
Rand der Schwäbischen Alb. Kein Wunder, hat man von
ihr nicht nur eine herrliche Aussicht, sondern kann im
Wanderheim des Schwäbischen Albvereins auch einkehren,
ja sogar übernachten. Unterhalb der Burg findet man
eine interessante Höhle, um die sich eine Sage rankt. Für
Naturfreunde machen jedoch die Streuobstwiesen und die
Aussicht, die man unterwegs und vom Aussichtsturm der
Teck hat, das Schöne dieser Wanderung aus.*

Wir gehen vom **Bahnhof Unterlenningen** ❶ in die
östlich der Gleise liegende Eisenbahnstraße, dann in
der Badstraße nach Süden, bis links die Engelhofstraße ab-
geht.❷ Ihr folgen wir nun. Von Streuobstwiesen begleitet,
wandern wir immer aufwärts, bis wir nach einem weiten
Linksbogen den **Sattelbogen** ❸ erreichen.

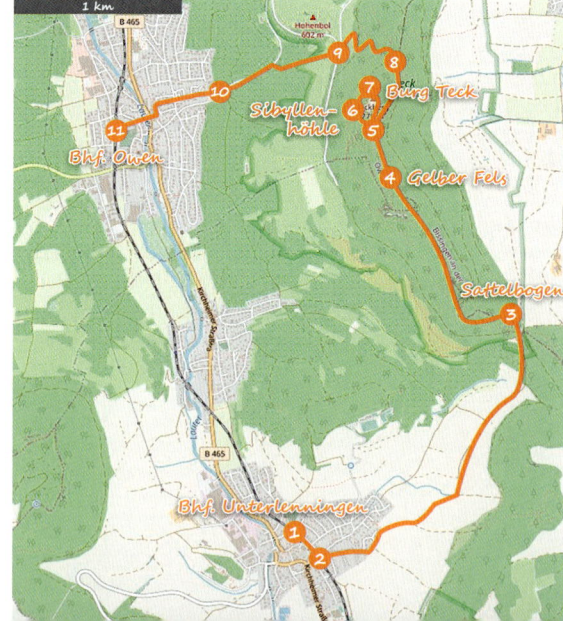

Blick vom Gelben Fels hinab ins Lenninger Tal

Unterwegs bietet sich uns nach links ein Blick zum Gelben Fels, nach rechts bald ein Blick nach Oberlenningen mit der Papierfabrik. Am Sattelbogen sollten wir zuerst vorbei am Wasserbehälter zum **Aussichtspunkt** gehen, denn dort bietet sich uns ein prächtiger Blick zur anderen Seite, wobei vor allem der mächtige Breitenstein beeindruckt. Dann folgen wir – aus Anstiegsrichtung gesehen – den mit dem Wanderzeichen rotes Dreieck markierten Pfad nach links, der in Richtung »Ruine Teck« verweist.

Nach der **Grillstelle** steigt es weiter an, aber auf einem schmalen Naturpfad. Wir passieren eine hölzerne **Schutzhütte** und kommen, nachdem der Weg etwas flacher geworden ist, am **Gelben Fels** (771 m) ❹, später an einem ehemaligen **Segelfliegerstartplatz** vorbei. Nach einer Weile zieht der Pfad am **Schild Teck West** (774 m) nach rechts zu einem breiten Forstweg mit dem Schild **bei der Burg Teck** (744 m) ❺. Hier biegen wir links ab.

Wo wir links sehen, dass die **Mauern der Ruine** beginnen, nehmen wir den links abgehenden Pfad. Er führt uns direkt unterhalb der Ruine um diese herum zur **Sibyllenhöhle** ❻. Nicht nur für Kinder ist es interessant, hinauf zu ihr zu steigen. Schaut man ins Tal sieht man, wenn man Glück hat, die »Sibyllenspur«. Danach geht es auf Treppen hinauf zum Eingang der **Burg Teck** ❼.

Weiter geht es auf dem Zufahrtsweg, der uns hinab zu dem Schild **bei der Burg Teck** ❺ bringt. Hier knickt er links ab und wir wandern hinab zu einer **Schutzhütte** und dem Schild **Rosswasen Nord** (672 m) ❽. Hier folgen wir dem

INFOS

Wanderkarte SAV LGL BW 1:25000, »Kirchheim u. T.«

Wanderkarte NaturNavi 1:25000, 54-539 »Göppingen Kirchheim u. T.«

www.owen.de
albverein.net

Hinfahrt: S1 bis Kirchheim (T) – RB64 oder Bus 177 bis Unterlenningen Brucken; halbstdl.

Rückfahrt: Owen – RB64 oder Bus 177 bis Kirchheim (T) – S1; halbstdl.

Sibyllenhöhle

In der 1531 erstmals genannten Sibyllenhöhle hat man rund 2000 Skelettreste von Höhlenlöwen und Höhlenbären gefunden. Der Sage nach lebte in ihr einst eine Frau. Sie hatte besondere Fähigkeiten, so konnte sie beispielsweise die Zukunft voraussagen und Krankheiten heilen. Sie wandte ihr Können an, um den Menschen der Umgebung zu helfen. Ihre drei Söhne, die auf den Burgen der Umgebung lebten, waren aber ganz anders geartet. Es waren wilde und böse Raubritter, die die Menschen drangsalierten und ihnen ihr Hab und Gut abpressten. Die Mutter wusste in ihrem Kummer nicht mehr aus noch ein. So spannte sie eines Tages ihre schwarzen Katzen vor ihre Kutsche und flog durch die Lüfte davon. Zur Erinnerung hat sie den Bauern aber dort, wo ihre Kutsche das letzte Mal den Boden berührte, eine besonders gute Erde hinterlassen. Sie ist etwa ab Pfingsten bis zur Getreideernte im Korn und in den Wiesen zu sehen, denn in dieser Spur ist die Erde besonders fruchtbar. 1976 fand man hier einen Pfostengraben und ein römisches Kleinkastell.

Zeichen rotes Dreieck nach links in Richtung »Owen Bahnhof«. Jetzt geht es in Serpentinen steil hinab. Am **Waldrand** nehmen wir von den beiden querenden Wegen den unteren, der uns mit dem Wanderzeichen durch eine **Allee** mächtiger Bäume bringt. Kurz darauf geht es, weiter durch diese Allee, links ab und hinab zur Straße. Auf ihr orientieren wir uns rechts.

   Nach der **Holzhütte** weist uns das rote Dreieck nach links 9. Gleich darauf zweigen wir rechts ab und wandern auf einem breiten Naturweg abwärts zur Straße. Ihr folgen wir nach links. An der **Verzweigung am Ortsschild** 10 wer-

Burg Teck

Die vor oder um 1150 erbaute Burg Teck geht vielleicht auf Herzog Konrad von Zähringen (1122–1152) zurück, den nach den Welfen und Staufern einflussreichsten Fürsten in Süddeutschland. Ab 1187 nannte sich Adalbert von Zähringen Herzog von Teck. Die Zähringer konnten sich im Laufe der Zeit gegenüber den Württembergern und den Habsburgern in der Gegend aber nicht halten.

Sie verlegten schließlich ihren Sitz in das Oberrheingebiet, den Südschwarzwald und die Schweiz. Ihre Besitztümer hier gingen im Laufe der Zeit an die Württemberger über. Heute sind nur noch Reste von Ringmauer, Türmen und Gebäuden zu sehen. Interessant ist, dass das englische Königshaus über Herzog Alexander die Herzöge von Teck zu seinen Vorfahren zählen kann.

den wir zum »Bahnhof« auf den rechten Weg (Teckstraße) verwiesen und kommen hinein nach **Owen**. Im Ort gehen wir an der ehemaligen **Bernhardskapelle** vorbei. Nach ihr wandern wir etwas nach links versetzt weiter abwärts. Wie wir auf einem Schild lesen können befinden wir uns jetzt in der ältesten Häuserzeile Owens. Danach wandern wir links am **Backhaus** und den Mauerresten der ehemaligen **Stadtbefestigung Törlesrain** vorbei. Mit einer Links-, dann Rechtskurve kommen wir hinab zur querenden Kirchheimer Straße. Hinter ihr folgen wir der Bahnhofstraße, die uns zum **Bahnhof Owen** 🚉 bringt.

Marienkirche Owen

Die Marienkirche in Owen wurde um 1150 als spätromanische Basilika erbaut. Von 1292 bis 1334 befand sich hier die Grablege der Herzöge von Teck. Im Chor sieht man davon noch die Grabplatte von Herzog Konrad II., der als »erwählter Römischer König« 1292 hier beigesetzt wurde. Von 1350 bis 1400 wurden

Chor und Schiff als spätgotische Staffelkirche neu erbaut. Sehenswert sind der Owener Altar (16. Jh.), das große Kruzifix (17. Jh.), die Kanzel (1566) und die Epitaphien.

Restaurant Schwabenstüble in Owen

Das Restaurant Schwabenstüble liegt in dem schönen Städtchen Owen am Fuße der Schwäbischen Alb mit der wunderschönen Burg Teck als kleinem Highlight. Wir sind der perfekte Anfang/Abschluss für jede gelungene Wanderung mit der Familie oder auch mit Freunden. Bei uns genießen sie köstliche Leckereien der böhmischen und gut bürgerlichen deutschen Küche. Mit unserer saisonal wechselnden Karte bieten wir eine Auswahl an Köstlichkeiten an.

Schauen Sie doch mal auf unserer Homepage www.lecker-teck.de oder auf unserer Facebook-Seite „Schwabenstüble Owen" vorbei oder rufen Sie uns gerne an unter 07021/9828045

Auf Ihr Kommen freut sich

J. Trocka und das gesamte Schwabenstüble-Team

Rems-Murr-Kreis

Dschungelfeeling inbegriffen   **17**

Durch das untere Remstal zur Mündung

 2½ Std.

 10,5 km

 100 m

Waiblingen/
Hegnacher Höhe
– Kleinhegnach –
Remstal – Heg-
nacher Mühle
– Remsmühle –
Neckarrems

Einfache Wande-
rung, teils auf festen
Wegen, teils auf
Pfaden, fast ohne
Höhenunterschied
bzw. bergab. Orien-
tierungsprobleme
gibt es auch keine.

Unteres Remstal;
Weinberg Haufler;
Viadukt der Murr-
bahn; Hegnacher
Wehr; Remsmühle

Remseck

Wer das Remstal nur von der Strecke von der Quelle bis Waiblingen kennt, wird erstaunt sein, durch was für eine wilde Natur sie am Unterlauf teilweise fließt. Von Efeu überwucherte Bäume, Lianen, die von den Bäumen hän-gen, Totholz, Wasserfälle und Kaskaden, Graureiher und andere Tiere, die die Fauna beleben – all das kann man zum Teil auf schmalen Naturpfaden erleben. Der künstlich geschaffene »Neckarstrand« in Remseck an der Mündung ist das Kontrastprogramm dazu – gerade recht, um sich zu erholen und das Erlebte Revue passieren zu lassen.

Wir folgen ab der **Bushaltestelle Hegnacher Höhe** ❶ noch kurz der L 1142 in Richtung Hegnach, gehen kurz darauf in Richtung »Kleinhegnach« auf das rechts der Landstraße verlaufende Sträßchen und auf ihm nach rechts. Gleich darauf biegen wir links ab in die Klinglestalstraße. Auf ihr gehen wir nun bergab, erst entlang der **Gärtne-reien** und **landwirtschaftlichen Betriebe**, dann zwischen Feldern. Auf der anderen Seite des Remstals sehen wir zu den Häusern von Neustadt und Hohenacker.

Kleinhegnach umgehen wir rechts, danach begleitet ein Fußweg die Straße. Interessant sind schon von hier aus die

*Unterhaltsame Rast
am Hegnacher Wehr*

Unteres Remstal

Das Untere Remstal ist ein ökologisch besonders wertvoller Abschnitt. Es wurde mit über 158 Hektar unter Naturschutz gestellt, ist Teil des europäischen Schutzgebietsnetzes Natura 2000 und als Fauna-Flora-Habitat- und Vogelschutzgebiet gemeldet. Man sieht in dem bis zu 80 m in den Muschelkalk eingeschnittenen Tal vielfältige schatt- und sonnseitige Wälder, Auenwald, Ufergehölzsäume, Wiesen mit steppenheideartigem Charakter, Gebüsche, Streuobstwiesen und Gärten sowie Waldsukzessionen auf den ehemaligen Weinbergterrassen. Das Remstal galt vor rund 100 Jahren immerhin als eines »der weinbaureichsten Täler Württembergs«. Man hat schon 13 seltene und gefährdete Vogelarten wie den Eisvogel, den Flussuferläufer, den Neuntöter und die Nachtigall beobachtet. Außerdem im Rahmen des Vogelzugs Weißstorch, Wiedehopf, Fischadler, Blaukehlchen und den Großen Brachvogel. Größte Bedeutung hat das Untere Remstal für Greifvögel und Eulen. An Reptilien findet man die Schlingnatter und die Mauereidechse. Auch 17 seltene Pflanzenarten hat man hier gezählt, darunter einige Orchideenarten und botanische Kostbarkeiten wie der Feste Lerchensporn, der Blaustern, Wunderveilchen, Schwalbenwurz, Wald-Bergminze, Waldwicke, die Kleine Traubenhyazinthe oder das langblättrige Hasenohr.

Remsmühle

Die Remsmühle bei Hohenacker ist seit 1864 als Getreidemühle bekannt. Sie besaß drei Wasserräder. Seit sie in den 1930er Jahren an Karl Vogel kam, heißt sie auch Vogelmühle. Das Backhäusle diente früher den Hegnachern, heute wird es als Informationsstelle »Unteres Remstal« genutzt.

terrassierten Hänge, die aus dem früheren Weinbau stammen. Es geht hinab, wir überqueren die **Rems** und biegen nach ihr links ab ❷. Das Wanderzeichen rotes Kreuz und die Zeichen des Remstalwegs begleiten uns nun eine ganze Weile.

Rechts im Wald sehen wir immer wieder alte Steinmäuerchen der ehemaligen Terrassierung, bald aber auch den **Weinberg Haufler**. Er wird sogar heute noch als Weinberg genutzt. Eine Tafel weist auf die verschiedenen Kleindenkmale in den Terrassen hin wie Unterstände für die Wengerter oder beschriftete Steine. Sie und die Ge-

*Kleiner Wasserfall
unterwegs*

schichte dieses besonderen Weinbergs werden ausführlich erklärt.

Danach unterqueren wir den **Viadukt der Murrbahn** ❸ und passieren das Wanderschild **Viadukt Murrtalbahn West** (229 m). Später überqueren wir den **Erbach**, in dem wir je nach Wetterlage sogar einen kleinen Wasserfall sehen können. Die von rechts einmündenden beiden Wege ignorieren wir, gehen aber gleich darauf nach links über die Wiese zum **Hegnacher Wehr** ❹. Es ist die vielleicht interessanteste Natursehenswürdigkeit bei dieser Wanderung; insbesondere Kinder werden ihre Freude an den munter herabstürzenden Wasserfällen haben.

Danach wandern wir an der **Hegnacher Mühle** (255 m) **5** vorbei. Später erreichen wir die **Remsmühle** **6** und das kleine **Backhäusle** davor, wo wir uns links halten. Auch hier sehen wir wieder ein **Wehr** nebst einer Fischtreppe.

Wir folgen dem Sträßchen noch kurz aufwärts, dann zweigen wir rechts ab. Etwas später geht es an der **Klär-anlage**, danach einem idyllischen kleinen **Weiher** vorbei. Anschließend haben wir nur noch Natur um uns herum. Wir wandern nun überwiegend auf unbefestigten Pfaden, teils direkt und hoch über dem Wasser, teils durch Waldstücke, teils durch Wiesen. Im Frühjahr duftet es betörend nach dem hier massenweise wachsenden Bärlauch.

Die Wanderung führt auch an diesem idyllischen Weiher vorbei.

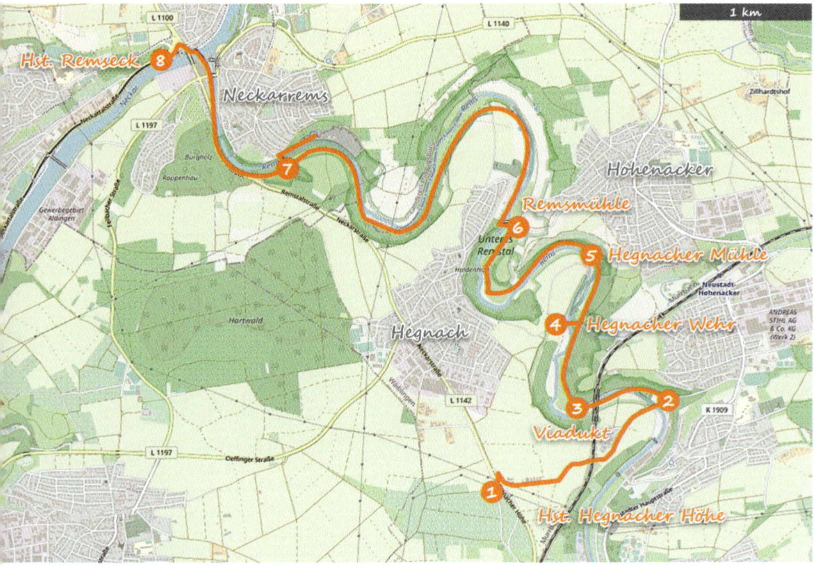

INFOS

Wanderkarte SAV
LGL BW 1:25000,
W220 »Welzheim«

www.waiblingen.de
www.stadt-
remseck.de

Hinfahrt: S2, S3 bis
Waiblingen – Bus
204 bis Hegnacher
Höhe; Mo–Fr
mindestens halbstdl.
Sa/So Bus 204, Bus
431 ab Waiblingen;
stdl.

Rückfahrt: Remseck
– U12; alle 10 Min.

Nach einiger Zeit sehen wir rechts die hell leuchtenden Feldwände eines **Steinbruchs**, danach beginnen rechts die ersten **Häuser von Neckarrems**. An der **Brücke** 7 könnte man die Rems überqueren und sich danach kurz rechts zu den **Steinbrüchen** halten; sie bieten eine interessante und recht wilde Szenerie. Anschließend kehrt man wieder zurück.

Ansonsten folgen wir dem Pfad weiter links der Rems durch den Wald und erreichen bald die Straße. Ihr folgen wir kurz, dann zweigt der Fußweg wieder rechts ab. Bald überqueren wir links der **Brücke** die Fellbacher Straße und gehen dahinter geradeaus weiter. Wer zum **Neckarstrand** will, erreicht ihn kurz darauf durch die nach rechts führende, mit Plexiglas gedeckte **Brücke**. (Bei Redaktionsschluss war geplant, das Ufer im Mündungsbereich der Rems in den Neckar neu zu gestalten. Dadurch könnten sich Änderungen in der Wegführung zur Stadtbahnhaltestelle ergeben!)

Ansonsten spazieren wir geradeaus weiter, durch die nächste **Plexiglasbrücke** über den **Neckar**. Dahinter geht es nach links zur Haltestelle der Stadtbahn 8.

18 Durch Wald und Streuobstwiesen

Von Buoch nach Winterbach

Sowohl das auf der Höhe liegende Buoch wie auch Winterbach im Remstal sind Orte, die einiges an Sehenswertem aufzuweisen haben. In Buoch schaut man sich die Besonderheiten vor der Tour an, während man in Winterbach die Wanderung mit einem Bummel zu den historischen Gebäuden oder einer Einkehr ausklingen lässt. Anfangs und am Schluss wandert man durch Streuobstwiesen, dazwischen durch den Wald. Immer wieder bieten sich uns auch weite Aussichten über die Weinberge und Obstwiesen hinab ins Remstal und zum gegenüber liegenden Schurwald. Wer nur eine ganz kurze Wanderung unternehmen möchte, kann sie sogar ungefähr um die Hälfte abkürzen. Die Strecke verläuft auf dem anlässlich der Landesgartenschau 2019 markierten Remstalweg.

W ir gehen von der **Haltestelle** aus etwas hinab zum Wanderschild **Buoch Steinlacher Straße** (513 m). Dort biegen wir links ab in die Steinlacher Straße. Vorbei am Wanderschild **Steinlacher Straße Ost** (497 m) kommen wir zu einer Verzweigung beim Schild **Hohenstaufenstraße** (496 m). Hier folgen wir dem rechten Weg.

 2¾ Std.

↦ 9,5 km

▲ 70 m

Remshalden-Buoch
– Streuobstwiesen –
Wald – Königstein –
Winterbach

Die Wanderung beinhaltet fast nur ebene bzw. Bergabstrecken, alle auf festen Wegen, sodass man sie auch bei schlechterem Wetter unternehmen kann; Kürzungsmöglichkeit.

Buoch; Gefallenengedächtnisstätte; Königstein; Hof-Halle; Winterbach; Heilkräutergarten; Fachwerkhäuser; Grubbank (→ Tour 3)

Sportplatzgaststätte; Winterbach

Das Museum im Hirsch in Buoch sitzt in einem schönen Fachwerkhaus.

Buoch

Das 1270 urkundlich erwähnte Buoch war im Mittelalter eine Produktionsstätte für qualitativ hochwertige Keramik von »mediterraner Qualität«. Die Kirche St. Sebastian geht in romanische Zeit zurück, der heutige, spätgotische Bau stammt von 1500. Ihre Fenster hat der Glaskünstler Prof. Hans Gottfried von Stockhausen (1920–2010) geschaffen. Buoch war im 19. Jahrhundert eine kleine »Dichtermetropole«; hier wirkten und lebten (teilweise) die Dichter Eduard Hiller, Hermann Kurz, Karl Mayer, Ottilie Wildermuth, Nikolaus Lenau und andere. Im »Museum im Hirsch« sieht man eine ständige Ausstellung zu den Themen Dichter in Buoch und Keramik im Mittelalter.

An der Verzweigung am Ortsende nehmen wir den letzten Weg und wandern an den letzten Häusern vorbei in die Baumwiesen und Felder. Am **Waldrand** ❷ biegen wir an dem mächtigen Baum mit der **Gefallenengedächtnisstätte** rechts ab und folgen dem Wanderzeichen rotes Kreuz zum nächsten **Waldrand**. Dort sehen wir rechts den **Spiel- und Grillplatz Spitz** ❸.

Nun geht es mit dem roten Kreuz in den Wald. Nach einer **Schranke** kommen wir zu einem pilzartigen Unterstand. Hier biegen wir am Wanderschild **Marschallhölzle Nord** (486 m) ❹ rechts ab. Wir wandern am Schild **Marschall-**

Blick von der Höhe durch das Remstal

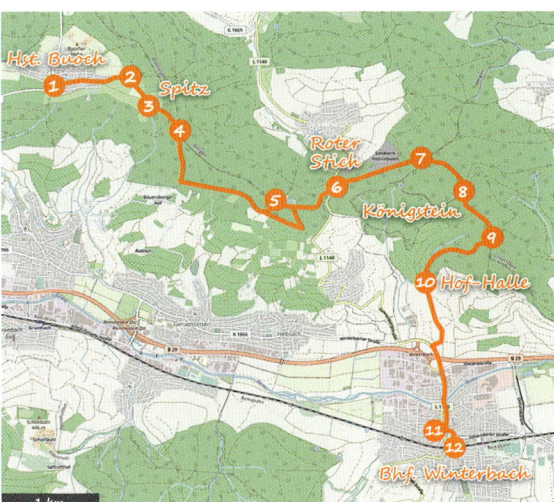

INFOS

Wanderkarte SAV LGL BW 1:25000, W220 »Welzheim«

www.remshalden.de
www.buoch.de
www.winterbach.de

Hinfahrt: S2 bis Grunbach – Bus 217 (Sa/So Bus 333) bis Buoch Gemeindehaus; alternativ S3 bis Winnenden – Bus 333 bis Buoch Gemeindehaus; Mo–Fr alle 20/40 Min., Sa/So stdl.

Rückfahrt: Hösslinswart Wanderparkplatz Roter Stich – Bus 245 bis Schorndorf – S2; Mo–Sa stdl.; alternativ 15 Min. Fußweg – Hösslinswart – Bus 336 bis Winnenden – S2, S3; So zweistdl.

Winterbach – S2; Mo–Fr viertelstdl., sonst halbstdl.

hölzle Süd (462 m) vorbei, danach knickt der Weg links ab. Ab jetzt passieren wir einige Schilder des Naturlehrpfads. Zudem haben wir nach rechts über die Baumwiesen und Weinberge immer wieder eine schöne Aussicht. Nach einiger Zeit kommen wir an einem als Naturdenkmal geschützten **Biotop** vorbei, in dem sogar Orchideen wachsen; da die Wiesen und ihre Flora aber sehr trittempfindlich sind, sollte man sie nicht betreten.

Später weist ein **Schild** auf die Vereinsgaststätte des KTSV Hösslinswart e. V. hin, hier folgen wir dem nach oben ziehenden Weg. Wer aber noch etwas am Waldrand weitergehen möchte, hält sich am nächsten Weg links.

Oben treffen wir vor den **Sportplätzen** ⑤ auf die Hohe Straße und folgen ihr nach rechts. Nun fällt der Weg und wir kommen zum **Wanderparkplatz Roter Stich** ⑥. Hier kann man die Tour an der gleichnamigen Haltestelle bereits beenden, an Zeit hat man bis hierher etwa eine Stunde und 15 Minuten gebraucht.

Ansonsten folgen wir auf der anderen Seite der K 1140 dem Kegelbannweg geradeaus, weiter mit dem roten Kreuz. Am Schild **Lochstein** (444 m) ⑦ werden wir nach rechts verwiesen. Jetzt geht es eine Weile steil bergab bis zu einer Kreuzung, wo rechts das Schild **Königstein Süd** (395 m) und der **Königstein** ⑧ stehen. Wir wandern mit dem blauen Punkt links an ihm vorbei.

Nach einem links abgehenden Forstweg biegen wir am Schild **Ramsbach** (377 m) **9** rechts ab. Ab jetzt fällt es. Nach dem Wald sehen wir bei einem von rechts einmündenden Weg die **Hof-Halle** (Hofhäusle) **10**. Hier halten wir uns links. Nun verlassen wir den Wald und wandern durch die Streuobstwiesen weiter.

An der **Kreuzung** nach dem **Häckselplatz** biegen wir rechts, gleich darauf, bei der alten **Grubbank** vor der Straße, links ab. Wir überqueren die B 29 und wandern nach **Winterbach** hinein. Nach der gedeckten **Holzbrücke** kommen wir zum **Gleisdorfer Platz**. Danach folgen wir der Hauptstraße in Richtung »Zentrum«. Wo links die Bahnhofstraße abgeht **11**, wandern wir auf ihr hinauf zum **Bahnhof** **12**.

Hier im Zentrum von Winterbach kann man sich vor der Rückfahrt ein wenig umsehen. Mit dem Hofhäusle, der alten Grubbank und bei der ehemaligen Kelter (Bürgerhaus),

Königstein

Auf dem obeliskartigen Königstein steht: »Zum Andenken an die Vermählungsfeier des hohen Paares Karl Olga/Die Karlshöhe im Sonnenschein/Gewidmet vom Revierförster Lutz aus Geradstetten/Den 13. Juli 1846«. Gedacht war es für den Kronprinzen Karl zu Württemberg und Olga, Großfürstin von Russland.

Hof-Halle

Die Hof-Halle (oder Hofhäusle) aus dem 16. Jahrhundert diente als Wetterschutz für die Bauern und Weingärtner bzw. für diejenigen, die auf dem alten Verbindungsweg zwischen Mannshaupten und Schornbach unterwegs waren.

Winterbach

Das 1046 erstmals genannte Winterbach zählt zu den ältesten Siedlungen im Remstal und bildete
bis etwa 1250 den kirchlichen und
verwaltungsmäßigen Mittelpunkt
des mittleren Remstales. Die er-
höht liegende und ummauerte
Michaelskirche, eine Wehrkirche,
ist eine der ältesten Kirchen der
Gegend. Sie besitzt einen mächtigen Chorturm (1309) und ist mit
Wandbildern aus der sogenann-
ten »Esslinger Schule« ausgestat-
tet. Es gibt einige schöne Fachwerkhäuser, insbesondere am
Marktplatz. Der Neptunbrunnen
stammt von 1781. Die sehenswerten alten Baulichkeiten sind
durch einen heimatgeschicht-
lichen Rundgang verbunden.

haben wir auf dem Weg schon ein paar historische Baulichkeiten gesehen, die durch Tafeln erklärt wurden. Weitere
finden wir im Zentrum. Eine sehenswerte Einrichtung ganz
anderer Art ist der vom Homöopathischen Verein Winterbach angelegte **Heilkräutergarten**. Hier sind Heilpflanzen
nach den Organen, auf die sie wirken, angepflanzt und ausführlich beschrieben. Zu ihm kommt man, wenn man vor
den Gleisen 120 m nach links geht und nach dem großen
Gebäude links abbiegt 🔴.

*Winterbach besitzt
ein sehenswertes
Zentrum.*

Weinberge, Wald und Fachwerk   **19**

Von Stetten im Remstal nach Strümpfelbach

 1¾ Std.

 5,6 km

 180 m

Stetten im Remstal –
Weinberge – Yburg
– Strümpfelbach

Die Wanderung
verläuft auf festen
Wegen.

Schloss in Stetten
im Remstal; Ruine
Yburg; Herzogliche
Kugelbahn; Strümp-
felbach; Rathaus
in Strümpfelbach;
Fachwerkhäuser

Stetten; Strümpfel-
bach

*Bei dieser Tour erleben wir das Remstal von seiner
schönsten und typischsten Seite: Wir steigen von Stetten
aus auf durch die Weinberge, schauen uns dabei unterwegs die Ruine Yburg an und wandern anschließend ein
Stück durch den Wald. Danach geht es wieder hinab nach
Strümpfelbach. Mit den beiden Orten besuchen wir zwei
der schönsten Fachwerkdörfer im Remstal; in ihnen gibt
es viel an alten Fachwerkbauten zu bewundern.*

Wir gehen von der **Haltestelle** ❶ in der Klosterstraße
nach Osten zum **Kreisverkehr** und biegen dort
rechts ab in die Kirchstraße. Bald wandern wir an prächtigen **Fachwerkhäusern**, dem interessanten **Brunnen** und
der **Kirche** ❷ vorbei. Danach biegen wir links ab in die
Steigstraße.

Die steile Treppe an der Linkskurve ignorieren wir – sie
würde auch zur Yburg führen – und folgen der immer ansteigenden Steigstraße weiter. Rechts sehen wir bald einen
ehemaligen Bierkeller.

An der Verzweigung auf der Höhe halten wir uns rechts ❸
und marschieren durch die Weinberge zur **Ruine Yburg** ❹.
Wir gehen links an ihr vorbei und immer sanft ansteigend

Brunnen in Stetten

Schloss Stetten im Remstal

Das Schloss in Stetten im Remstal wurde von den Truchsessen erbaut und diente im 17. und 18. Jahrhundert zeitweise den Herzoginnen von Württemberg als Wohnsitz, auch die berühmt-berüchtigte Wilhelmine von Gräfenitz, die Mätresse Herzog Eberhard Ludwigs, residierte von 1712 bis 1731 hier als Ortsherrin in Stetten. Der Fürst soll mit seiner Geliebten und Freunden einmal sieben Wochen am Stück in Stetten gefeiert haben, dabei seien 20 000 Liter Wein geflossen, wird erzählt. Man sollte auch die verschiedenen alten Weingärtnerhäuser beachten. Der Sage nach stammt auch von einer der Herzogswitwen oder einer der Hofdamen der Name des Weines »Stettener Brotwasser«. Sie wollte ihre Vorliebe für den Wein verbergen und tunkte ihr Brot in den Wein – es war ihr »Brotwasser«.

Ruine Yburg

Die Ruine Yburg hat ihren Namen von der Eibe und hieß ursprünglich wohl Eibenberg. Sie ist ein würfelförmiges Steinhaus mit ehemals vier Geschossen. Die Herren von Yberg waren vermutlich die ersten Herren von Stetten. Ab Anfang des 16. Jahrhunderts ließ man die Anlage verfallen. 1659 wurde die Burg ein letztes Mal erneuert und erhielt ein viertes Stockwerk. 1683 hat man sie »ein altes, ohngebautes Schlößlein auf dem Berg« genannt. Heute sind hier zahlreiche Skulpturen des Strümpfelbacher Bildhauers Karl Ulrich Nuss ausgestellt.

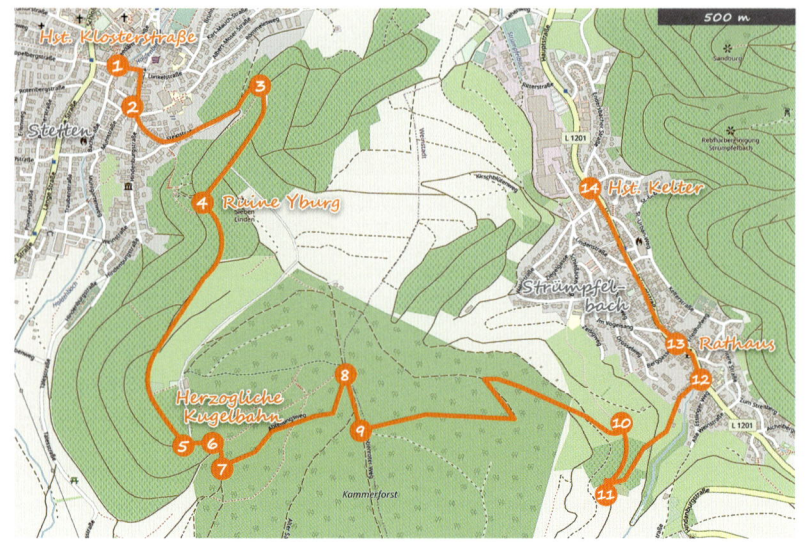

weiter bergauf. Unterwegs sollten wir uns immer wieder umdrehen und den Blick auf Stetten und das dahinter liegende Remstal genießen. An einem querenden Weg **5** gehen wir nach links und vorbei an einem als Naturdenkmal geschützten Waldstück bis zum querstehenden Wald.

Dort finden wir nicht nur die für Kinder geschaffene »Herzogliche Kugelbahn«, sondern auch einige **Trimm-Dich-Stationen 6**. Wir halten uns rechts und biegen gleich darauf an der Station **Hau den Lukas 7** links ab in den Abteilungsweg. Er bringt uns zum querenden Lobenroter Weg **8**. Links sehen wir weitere Trimm-Dich-Geräte, wir biegen aber rechts ab und gehen durch die Schranke. Kurz danach orientieren wir uns vor dem steilen Anstieg links in die Schiessackerstraße **9**.

»Herzogliche Kugelbahn«

Die insgesamt über 800 m lange »Herzogliche Kugelbahn« besteht seit der Landesgartenschau im Remstal. Sie verläuft zwischen dem Sängerheim und dem Klettergarten auf dem »Rundweg Stet-

ten« und macht Jung und Alt viel Spaß. An verschiedenen Spielstationen werden die Themen »Wald«, »Weinbau« sowie »Kernen und das Haus Württemberg« kindgerecht erklärt.

Sie beschreibt bald eine scharfe Links-, dann eine Rechts-kurve. Bald darauf verlassen wir den Wald. Nun haben wir nach links einen schönen Blick nach Strümpfelbach und ins Remstal.

Wir gehen immer geradeaus bis zu einer Linkskurve, wo es Bänke gibt, auf denen man ausruhen und die Landschaft genießen kann ⓴. Hier halten wir uns rechts in den Kultur-LandschaftsPfad. Der Weg schlängelt sich eben am Hang entlang bis an einer Linkskurve scharf links ein mit dem

Strümpfelbach

Das 1265 erstmals in einer Schenkungsurkunde einer Esslinger Witwe an das Kloster Salem genannte Strümpfelbach gelangte wahrscheinlich um 1300 an die Württemberger; außer diesem Geschlecht hatten hier noch die Klöster Bebenhausen, Denkendorf und Salem Besitz. Da Strümpfelbach nach dem 15. Jahrhundert im Gegensatz zu anderen Orten der Umgebung von Zerstörungen verschont blieb, hat sich ein umfangreicher alter Hausbestand mit fast 70 denkmalgeschützten Fachwerkhäusern aus dem 15. und 16. Jahrhundert erhalten. Besonders schön ist das zweigeschossige Rathaus mit der offenen Vorhalle (1591). Davor befindet sich ein Brunnen von Fritz Nuss. Die Kelter stammt aus der ersten Hälfte des 16. Jahrhundert. Der Turm der spätgotischen evangelischen Kirche (Ende 15. Jh.) trägt Schießscharten.

INFOS

Wanderkarte SAV
LGL BW 1:25 000,
W220 »Welzheim«

www.kernen.de
www.weinstadt.de

Hinfahrt: Mo–Sa S2
bis Endersbach –
Bus 219 bis Stetten
Klosterstraße, stdl.;
alternativ S3 bis
Waiblingen – Bus 211
bis Stetten Kloster-
straße oder S2/S3
bis Fellbach – Bus
211/212 bis Stetten
Klosterstraße;
Mo–Fr mehrmals
stdl. im Wechsel,
So stdl. S2/S3 – Bus
211 über Waiblingen

Rückfahrt: Strümp-
felbach Rathaus
oder Kelter – Bus
202 bis Endersbach –
S2; Mo–Fr halbstdl.,
Sa/So stdl.

blauen Kreuz markierter Weg abgeht ⓫. In diesen biegen wir jetzt ein.

Es geht nun immer geradeaus steil bergab, bald auf den Kirchturm zu. Wir überqueren einen Weg und kommen bald danach zu den ersten Häusern von **Strümpfelbach**.

Dort treffen wir vor der **Kirche** ⓬ auf die querende Hindenburgstraße. Wir biegen links ab, dann geht die Straße in die Hauptstraße über. Bald darauf erreichen wir mit dem ehemaligen **Rathaus** ⓭ ein prächtiges Fachwerkhaus mit Vorhalle.

Wer will kann hier bereits in den Bus (**Haltestelle Rathaus**) einsteigen. Wenn man Zeit hat und auch der nächste Bus nicht bald kommt, kann man der Hauptstraße noch weiter folgen. Vorbei an weiteren sehenswerten alten Fachwerkhäusern – sie sind alle durch Tafeln erklärt – spazieren wir bis zur **Bushaltestelle Kelter** ⓮.

Um das Rathaus in Strümpfelbach stehen prächtige Fachwerkhäuser.

20

Durch Streuobstwiesen auf die Höhe

Von Miedelsbach nach Schorndorf

Der Ausgangspunkt dieser Wanderung wird mit der »Wiesel« genannten Bahn, die durch das Wieslauftal fährt, angefahren. Den ersten Teil der Tour wandern wir gemütlich durch Streuobstwiesen hinauf auf die Höhe, wobei sich uns immer ein prächtiger Blick hinunter ins Wieslauftal bietet. Wieder hinab gehen wir ein Stück durch den Wald, danach zwischen Wiesen und Feldern hinab nach Schorndorf, wo sich ein gemütlicher Ausklang mit einem Stadtrundgang, einem Museumsbesuch oder einer Einkehr anbietet.

D ie Wanderung ist ab der **Bahnstation Miedelsbach** beschrieben, wobei man natürlich auch mit dem Bus nach Miedelsbach fahren kann. Dieser drittgrößte Stadtteil von Schorndorf liegt am Fuße des Welzheimer Waldes in einer breiten Mulde des Wieslauftals inmitten von Obstbaumwiesen. Man folgt dem Stifterweg kurz nach Westen bis vor die Bahnlinie und biegt dort rechts ab in den Parkplatz.

Wir gehen entlang der Gleise nach Norden zum **Parkplatz** und durch diesen hindurch. Der Fußgängerweg bringt uns zur querenden Buhlbronner Straße , der wir

Blick ins Wieslauftal

🕐 **2¼ Std.**

↦ **8,1 km**

▲ **140 m**

Miedelsbach – Streuobstwiesen – Buhlbronn – Schornbach – Schorndorf

Wir wandern fast ständig auf festen Wegen. Nach einem Anstieg auf die Höhe geht es nur noch bergab ins Remstal.

Miedelsbach; Schorndorf; Schorndorf; Fachwerkhäuser

Schornbach; Schorndorf

Hoch über dem Wieslauftal thront Buhlbronn.

mit dem Wanderzeichen blauer Punkt nach links folgen. Dieses Wanderzeichen begleitet uns auf einem großen Teil der Wanderung.

Wir überqueren die **Wieslauf** und biegen nach den Elektroleitungen mit dem Wanderzeichen rechts ab ❸. Nun steigt es laufend an. Der Weg führt uns durch Streuobstwiesen und Kleingärten. Immer wieder sieht man alte Steinmäuerchen, durch die der steile Hang terrassiert ist. Nach links haben wir immer wieder einen schönen Blick hinab ins Wieslauftal und weiter in Richtung Schorndorf.

Bei den ersten Häusern von **Buhlbronn** ❹ biegen wir links ab in den Reiswiesenweg und halten uns gleich darauf rechts in den Nägerstweg. Er bringt uns zur Hauptstraße, der wir in Gehrichtung folgen. Sie beschreibt kurz darauf als Untere Hauptstraße eine Linkskurve, danach eine sanfte Rechtskurve. Noch vor dieser zweigen wir links ab in den Grundackerweg ❺.

Er bringt uns zum Ortsende. Nun geht es steil bergab, rechts steht der Wald, links sehen wir Streuobstwiesen. Bald kommen wir aber ganz in den Wald und gehen bis zu einer Verzweigung. Hier nehmen wir mit dem blauen Punkt den rechten, steil abwärts führenden Weg.

Wir überqueren eine erste Wohnstraße von **Schornbach**, danach geht es auf einem schmalen Pfad weiter zur querenden Weinbergstraße wo wir ein **Wanderschild** ❻ finden. Hier biegen wir rechts ab und gehen auf den Kirchturm zu.

Der querenden Berglenstraße folgen wir nach links zur Talauer Straße. Etwas nach rechts versetzt geht es auf der

Schornbach

Schornbach ist ein Stadtteil von Schorndorf. Aus seiner Zeit als Weindorf vor 1900 stammt die erstmals in einer Urkunde von 1467 erwähnte Kelter. Danach diente sie verschiedenen Zwecken. Die evangelische Maria-Barbara-Katharina-Kirche wurde im Jahr 1471/72 gestiftet. Sie besitzt einen mächtigen alten Chorturm, innen findet man einen spätgotischen Taufstein sowie aus der Renaissance eine Steinkanzel, eine Empore und ein Kruzifix.

INFOS

Wanderkarte SAV
LGL BW 1:25000,
W220 »Welzheim«

www.schorndorf.de

 VVS

Hinfahrt: S2, IRE1,
RB13 bis Schorndorf –
RB61 bis Miedels-
bach-Steinenberg;
Mo–Fr halbstdl.,
Sa stdl., So S2, IRE1,
RB13 bis Schorndorf
– Bus 228/Rad- und
Wanderbus 265
(Mai bis Oktober)
bis Miedelsbach
Tannbachbrücke
(3 Min. Fußweg bis
Miedelsbach-
Steinenberg), stdl.

Rückfahrt: Schorn-
dorf – S2, IRE1,
RB 13; mehrmals
stdl.

anderen Straßenseite in der Friedrich-Glück-Straße bis vor
die **Kirche**. Dort folgen wir, nun mit dem Wanderzeichen
blauer Balken, dem Auerbachweg nach links.

An der **Kunstmühle** halten wir uns links in die Sonnen-
straße. Gleich darauf, nach **Haus Nr. 19**, werden wir aber
mit dem Zeichen nach rechts verwiesen. Nun wandern wir
eine Zeit lang rechts der Häuser. Rechts des schmalen Weges befinden sich anfangs Kleingärten, später Wiesen und
anschließend begleitet uns der **Schornbach**.

Diesen überqueren wir nach einer Weile und gehen vor
einem **Haus** nach rechts zu einem Asphaltweg **7**. Hier biegen wir links ab und wandern auf die B 29 zu. Vor der Bun-
desstraße zieht der Weg nach rechts, am **Haus der Polizei-
hundeführerstaffel** wieder nach rechts nach Schorndorf
hinein **8**.

Wir wandern nun geradeaus in der Schornbacher Straße,
auch nach dem Sackgassenschild. Dort unterqueren wir die
Waiblinger Straße und halten uns nach der Unterführung
links. Gleich darauf überqueren wir die **Rems** **9**. Nach dem
Fluss geht es mit dem blauen Balken halbrechts in der Vor-
stadtstraße weiter in Richtung »Bahnhof«.

Wir gehen so lange, bis an der linken Straßenseite eine
Unterführung beginnt. In ihr unterqueren wir die Heinkel-
straße, danach die Bahnlinien. Danach gehen wir nach
rechts aus der Unterführung hinauf und weiter zum **Bahnhof** **10**. Das **historische Zentrum** von Schorndorf liegt links
des Bahnhofs.

Der Marktplatz in Schorndorf

Schorndorf

Aufgrund der verschiedenen Brände in früheren Zeiten hat sich in Schorndorf zwar nicht viel an sehr alter Bausubstanz erhalten, trotzdem bietet die Stadt insgesamt ein malerisches Bild mit zahlreichen Fachwerkhäusern und vielen Spitzweg-Idyllen in den engen, verwinkelten Gassen. Man schlendert zwischen alten, sehenswerten Gebäuden mit interessanter Geschichte und kann immer wieder bemerkenswerte Einzelheiten wie schöne Türen und Portale, Pforten, Neidköpfe an den Hauswänden und Konsolen entdecken.

Zuerst sollten wir uns auf dem **Marktplatz** umsehen. Eines der schönsten Fachwerkhäuser ist die Palmsche Apotheke (1650) am großen Marktplatz. Das Gebäude wurde etwa 1660 vom Zimmermann Matthäus Atzisberger auf einem Steinsockel von 1553 erstellt und 1696 und 1735 umgebaut. Es ist ein hochgiebeliger Fachwerkbau mit prächtiger Fassade. Das benachbarte Haus entstand um 1650, das beide verbindende Zwerchhaus 1696. 1976 bis 1979 wurde die Palmsche Apotheke vollständig abgerissen und neu erbaut. Die Apotheke existiert seit 1644. Gegenüber steht die 1663 nach der Zerstörung des Vorgängerbaus beim Stadtbrand 1634 vom Zimmermann Jakob Aimann erbaute Gauppsche Apotheke, auch sie ein hochgiebeliger Fachwerkbau. Seit 1689 befindet sich eine Apotheke in ihr.

Nachdem ein Vorvorgängerbau des heutigen **Rathauses** 1634 beim Stadtbrand zerstört wurde, kaufte man in Unterurbach ein Haus, brach es ab und stellte es hier als Rathaus wieder auf. Das heutige stattliche Rokokogebäude wurde aber 1726 bis 1730 vom herzoglichen und Kirchenrats-Baumeister Georg Friedrich Majer erbaut. Majer war Sohn des Schorndorfer Bürgermeisters und auch am Bau des Ludwigsburger Schlosses beteiligt. Das Rathaus besitzt ein schönes Portal, darüber sieht man das Stadtwappen und eine lateinische Inschrift, die übersetzt lau-

tet: »Dieses Haus ist Gott geweiht –
das Schorndorfer Rathaus nach neun
Decennien und zwei Jahren aus der
Asche wiedererstanden im Jahre
1726«. Auf der Nordseite sieht man
ein Bild der Weiber von Schorndorf,
das 1965 von Hans-Gottfried von
Stockhausen geschaffen wurde.

Das um 1650 erbaute Wohnhaus
der Barbara Walch-Künkelin wurde
1683 durch den Handelsmann Johann Georg Künkelin, Ehemann
der Barbara Walch-Künkelin, er-
worben. Ein Brunnen des heutigen
Marktbrunnens wurde bereits 1478
erwähnt, 1522 stand hier ein Brunnen mit dem Standbild von Herzog
Ulrich. Der 1773 geschaffene Guss-
eisentrog mit seinem schmiedeeiser-
nen Zierrat ist mit den Wappen von
Bürgermeistern und anderen Amts-
personen verziert.

Die **Stadtkirche** (1501) ist eine der
bedeutendsten spätgotischen Bau-
werke in Württemberg. Die 1477 bis
1501 von Aberlin Jörg erbaute Kirche
wurde nach dem großen Brand 1634
im Jahr 1655 erneuert; große Teile
von ihr hatten allerdings den Brand,
der fast die gesamte Stadt vernich-
tete, überstanden. Die Kirche war
nach den Stiftskirchen von Stuttgart
und Tübingen einst die drittgrößte
Württembergs. Der Turm wurde 1478
bis 1488 errichtet, die beiden Ober-
geschosse sind neugotisch (1902/03).
1538 wurde der Turm bis auf das
Viereck aus militärischen Gründen
abgetragen. Der Chor ist spätgotisch
und besitzt schöne Netzgewölbe.
Sehenswert ist in der nordöstlichen
Marienkapelle das Netzgewölbe, das
die Verästelung des aus der Brust

Christi aufsteigenden Stammbaums
zeigt (Wurzel Jesse, nach 1510). Man
vermutet, dass hierfür vielleicht der
auch vom Stephansdom in Wien bekannte Baumeister Anton Pilgram
verantwortlich war. Im Langhaus
findet man eine Kanzel von 1660
und einen Altar von 1739. Zur Innenausstattung gehören noch weitere
bemerkenswerte Kunstwerke wie
z. B. Epitaphe, die Altarschranken aus
dem frühen Rokoko, das Kruzifix am
Triumphbogen und die Aufsatzschüs-
sel am Taufstein, die 1960 von Ulrich
Henn geschaffen wurde. Vor allem
an den Pforten des Schiffs und an
der Außenseite des Chors findet man
reiche und zierliche Details wie Pro-
file, Maßwerk, Laub- und Astwerk.

Das **Schloss** wurde 1538 bis 1544
von Herzog Ulrich von Württemberg
(1487–1550) erbaut und gehörte zu
den einst sieben Festungen Württembergs. Es erhielt damals seine
heute noch bestehende Form mit
den vier Rundtürmen. In der ersten

Bauphase entstanden die Bastionen, danach legte man einen 30 m breiten Erdwall und einen 35 m breiten Wassergraben an. 2000 Facharbeiter und Tagelöhner waren bis 1544 mit diesen Arbeiten beschäftigt. Durch die fast 2 km lange Wallmauer war die Schorndorfer Festung die teuerste aller Landesfestungen, die Herzog Ulrich erbauen ließ. Bereits 1546 bestand die Festung im Schmalkaldischen Krieg ihre erste Bewährungsprobe. Ulrichs Sohn Herzog Christoph modernisierte und erweiterte dann die Festungsanlage noch. Beim großen Stadtbrand 1634 im Dreißigjährigen Krieg blieb das Burgschloss erhalten. Heute sieht man eine dreigeschossige Vierflügelanlage mit starken, aber niedrigen Rundtürmen an den Ecken; das Tor an der Nordseite ist mit einer Pechnase und dem Wappen Herzog Ulrichs versehen.

Lässt man sich bei einem Stadtbummel einfach so durch die Gassen treiben, entdeckt man noch zahlreiche andere sehenswerte Gebäude wie zum Beispiel die **Ackerbürgerhäuser Im Sack**. Entstanden ist der Gebäudekomplex, als man nach dem Schmalkaldischen Krieg Protestanten, die aus Österreich vertrieben worden waren, hier auf unbebauten Grundstücken an der Mauer ansiedelte. Das ehemalige Ackerbürgerhaus Im Sack 3 wurde um 1604 errichtet. Es weist noch ein großes, ehemaliges Scheuentor auf, außerdem sieht man eine Konsole mit einem Frauenkopf. Auch die Häuser daneben gehören zur selben Bauart. Nr. 5 ist ein ehemaliger Wehrturm, der zu den 18 Türmen der Stadtmauer gehörte – die Häuser sitzen mit ihrer rückwärtigen Giebelfront auf der Stadtmauer auf.

Die ehemalige **Vogtei**, Kirchplatz 1, wurde laut Inschrift 1682 erbaut, vermutlich stand hier die 1558 von der Kellerei erworbene Obervogtei. Ab 1682 saß hier aber »nur« der Untervogt. Bis 1835 war es das Amtshaus

des Vogts, später Oberamtmanns, danach diente es als Dekanat.

In der **Höllgasse** treffen wir auf ein reizvolles Ensemble alter Fachwerkhäuser, darunter das Geburtshaus von Gottlieb Daimler (um 1700) und das Restaurant zum Pfauen. Die Daimlers wanderten 1660 aus Thüringen zu, das Haus wurde von Gottlieb Daimlers Großvater gekauft. Die Höllgasse verdankt ihren Namen einen traurigen Ereignis: 1690 legte ein betrunkener Soldat Feuer und 75 Häuser brannten ab. Die vorher enge und dunkle Gasse wurde beim Wiederaufbau verbreitert und war nun die »Helle Gasse«.

Geburtshaus Gottlieb Daimlers in der Höllgasse

Landkreis
Göppingen

Romantischer See, Schloss und alte Stiftskirche   21

Von Uhingen nach Faurndau

 1¾ Std.

↦ 6 km

▲ 90 m

Uhingen – Charlottensee – Schloss Filseck – Faurndau

Wir wandern überwiegend auf festen Wegen, nur kurze Stücke unbefestigt. Trotz des Anstiegs am Anfang ist es eine einfache Wanderung.

Mühle Röhm; Charlottensee; Schloss Filseck; Stiftskirche in Faurndau

Uhingen; Schloss Filseck; Faurndau

Drei Sehenswürdigkeiten unterschiedlicher Art bietet diese Wanderung: Zuerst steigen wir hinauf zum romantisch schilfumstandenen Charlottensee, der sich zu einer ersten Rast anbietet. Danach geht es durch den Wald und auf dem aussichtsreichen Höhenrücken zum Schloss Filseck. Von dort aus ist es nicht mehr weit zur berühmten Stiftskirche von Faurndau.

Wir verlassen den **Bahnhof** ❶ in Uhingen auf seiner Südseite und folgen der Bahnhofstraße bis zur querenden Schorndorfer Straße. Dort biegen wir links ab. Am **Kreisverkehr** ❷ halten wir uns rechts in die Ulmer Straße, die wir aber gleich darauf links in die Sparwiesenstraße verlassen.

Wir überqueren die Fils und wandern am **Rathaus** ❸ vorbei in der Rechtskurve weiter bis zu dem mächtigen Gebäude der **Mühle Röhm** ❹. Danach überqueren wir die B 10. Gleich nach der Brücke zweigen wir mit dem Wanderzeichen blaues Dreieck links ab. ❺ Nun wandern wir auf einem Pfad steil hinauf bis zu Häusern. An ihnen geht es links entlang, immer aufwärts, bis wir auf die K 1415 stoßen. ❻ Hier halten wir uns links, kurz darauf noch einmal und kommen zum idyllischen **Charlottensee** ❼.

Der Charlottensee ist ein wunderschönes Stück ursprüngliche Natur zwischen den umliegenden landwirtschaftlich genutzten Flächen.

Alfons Waggershauser

Der 1899 geborene Alfons Wag-
gershauser, dem vor dem Schloss
Filseck ein Denkmal gewidmet
ist, war lange Jahre Pächter von
Schloss Filseck, das seine Eltern
bereits 1906 übernommen hatten.
Er eignete sich als Autodidakt alles
Wissen über moderne Landwirt-
schaft selbst an und unternahm
Reisen nach Skandinavien und
Südosteuropa, um sich fortzubilden.
Zurückgekehrt auf Schloss Filseck
machte er dieses zum modernsten
Hofgut in Württemberg.

Hinter ihm folgen wir dem nach rechts in den Wald ziehenden Weg. An seinem Rand finden wir einen **Rastplatz**
mit kindgerecht geschnitzten Sitzgelegenheiten. Auf ihm
wandern wir, bis wir links außerhalb eine **Lichtung** sehen.
Gleich nach ihr **8** folgen wir dem Pfad im Wald nach links
bis zu einem festen Weg vor den Feldern. Nun bietet sich
uns ein prächtiger Blick hinab ins Filstal.

Wir biegen rechts ab und gehen auf das bald sichtbare
Schloss Filseck zu. Am Waldende rechts steht ein Denkmal
für **Alfons Waggershauser 9**, ein ehemaliger Pächter von
Schloss Filseck. Seine Lebensgeschichte ist auf einer Tafel
daneben erklärt.

*Das Schloss Filseck
wurde prächtig
renoviert.*

Anschließend gehen wir am
Schloss Filseck 10 vorbei und
biegen nach ihm mit dem
Wanderzeichen blaue Raute
in Richtung »Faurndau« links
ab. Zuerst kann man allerdings noch etwas geradeaus
zum **Wasserbehälter** gehen;
von hier aus bietet sich ein
weiter Panoramablick.

Vorbei am Schloss und dem
davor liegenden Spielplatz
geht es nun steil hinab, wo-

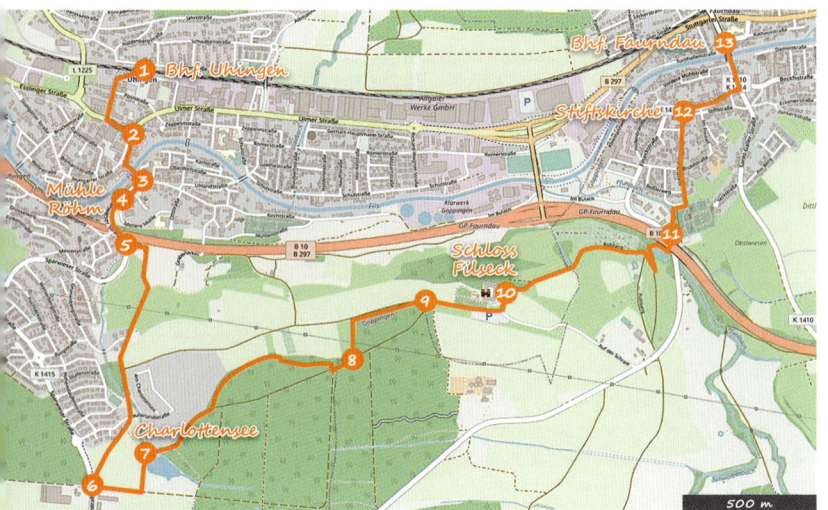

INFOS

Freizeitkarte LGL
BW 1:50000, F521
»Göppingen«

Wanderkarte
NaturNavi 1:25000,
54-539 »Göppingen
Kirchheim u. T.«

www.uhingen.de
www.goeppingen.de
www.schloss-
filseck.de

Hinfahrt: RB16 nach
Uhingen, ggf. RE5
bis Plochingen –
RB16 bis Uhingen;
zweimal stdl.

Rückfahrt: Faurn-
dau, ggf. Umstieg in
Plochingen – RB16 –
RE5; zweimal stdl.

bei wir am Horizont den Hohenstaufen sehen können.
Nach der Wiese überqueren wir einen **Bach**, gehen am
ersten Haus vorbei und biegen danach mit dem Wanderzeichen rechts ab. Nun durchqueren wir eine **Kleingarten-
anlage** mit Wochenendhäusern.

Nach dem dazu gehörigen Parkplatz werden wir auf eine
links abgehende Treppe verwiesen, am Sträßchen darunter
halten wir uns links. Wem die Treppe zu steil ist, der geht
noch kurz geradeaus und biegt dann links ab. Wir unterqueren bald die **B 10** und überqueren die **K 1414** ⑪.
Danach gehen wir über den **Pfuhlbach** und biegen links ab.

Nach dem rechts liegenden **Friedhof** halten wir uns
rechts, dann gleich wieder links. Nun gehen wir in der
Friedhofstraße immer geradeaus bis zur links liegenden
Stiftskirche ⑫. Wir überqueren den Grünstreifen und folgen danach der Hirschstraße nach rechts. Am Kreisverkehr
halten wir uns links. Am besten gehen wir auf der rechten
Straßenseite.

Wir überqueren die Fils, dann die Rathausstraße und gehen am ehemaligen Rathaus, jetzt Bezirksamt Faurndau,
vorbei bis zur **Bahnstation** ⑬.

Stiftskirche Faurndau

Um die Stiftskirche in Faurndau herum stand ein 875 erwähntes Kloster, in dem die Reliquien der Heiligen Alexander, Eventius und Theodul aufbewahrt wurden. Etwa 200 Jahre später wurde es in ein Chorherrenstift umgewandelt. Die etwa 1200 bis 1220 erbaute dreischiffige ehemalige ev. Stiftskirche der Chorherren zählt zu den bedeutendsten spätromanischen Kirchen in Südwestdeutschland. Der Turm wurde in der Gotik und Spätgotik erbaut. Am Ostgiebel und in der Hauptapsis ist sie mit prächtigem Figurenschmuck versehen. Im Chor sieht man Fresken aus der Zeit von 1300 bis 1500, der Vorraum ist mit Würfelkapitellen und die verschieden gearbeiteten Säulen mit Kelchknospenkapitellen geschmückt, welche zu den frühesten Beispielen dieser Art gehören und somit

bereits der Frühgotik zuzurechnen sind. Der Taufstein stammt aus der Romanik. Im Ort findet man noch einige sehenswerte alte Gebäude.

Hinab ins Filstal   **22**

Zwei Varianten nach Göppingen

🕐   2½ Std.

↦   4,5–9,4 km

⛰   40–80 m

✝

Gammelshausen –
Heiningen – Felder
– Wald – Aussichts-
pavillon Kelternkopf
– Göppingen

👢

Einfache Wande-
rung, fast durch-
gehend eben oder
bergab. Startet man
erst in Heiningen
benötigt man für die
dann 4,5 km lange
Tour 1¼ Std. bei
40 Höhenmetern.

📷

Aussichtsplattform
Kelternkopf; Göp-
pingen; Marstallge-
bäude; Städtisches
Museum Göppin-
gen; Kunsthalle
Göppingen; Märk-
lin-Erlebniswelt

🍴 🏛

Göppingen

*Diese Wanderung kann man als ausgesprochen kurze, ge-
mütliche Nachmittagswanderung machen, die einem noch
genügend Zeit gibt, sich in Göppingen umzusehen, vielleicht ein Museum zu besuchen oder einzukehren. Dazu
beginnt man sie in Heiningen. Genau doppelt so lange ist
sie, wenn man in Gammelshausen startet. Aber auch dann
hat man noch genügend Zeit für ein anschließendes Be-
sichtigungsprogramm.*

Wenn man in **Gammelshausen** startet, geht man von
der **Haltestelle am Kreisverkehr** ❶ zu diesem und
folgt der Eschenbacher Straße aus dem Ort. Nach einem
links liegenden Hof stößt man auf den querenden Haag-
weg ❷, der mit dem Wanderzeichen blaues Dreieck markiert ist. Dort hält man sich links. Nun wandert man bis zu
den ersten Gebäuden von **Heiningen** ❸. Dort hält man
sich rechts zur K 1425.

Auf der anderen Seite der Straße nehmen wir den hinter ihr verlaufenden Weg nach links. Er führt uns bald als
Kurzländer Straße in ein Wohngebiet. An der Querstraße
halten wir uns links, dann rechts in die Bahnhofstraße ❹.
Ihr folgen wir nun in vielen Windungen durch Heiningen, wobei sie später Hauptstraße genannt wird. Kurz vor dem Ortsende kommen wir an der **Bushaltestelle Gasthaus Adler** ❺
vorbei; hier beginnt die Kurzvariante der Wanderung.

Danach folgen wir an der Verzweigung der nach rechts
ziehenden Göppinger Straße/L 1217. Nach dem Ort zweigen wir mit dem Wanderzeichen blaues Dreieck links ab in
die Felder ❻. Vor Elektroleitungen knickt der Weg rechts
ab und wir gehen bis vor ein eingezäuntes **Gartengrund-
stück** ❼.

Hier haben wir zwei Möglichkeiten. Die einfachste ist, wir
wandern ohne Zeichen rechts des Gartens eben geradeaus
weiter bis zum **Wald** und biegen dort links ab. Bald treffen wir vor einer **Schutzhütte** ❽ wieder auf den markierten Wanderweg und folgen ihm nach rechts in den Wald

hinein. Mit etwas Anstieg verbunden, landschaftlich aber vielleicht schöner ist es jedoch, wenn wir vor dem **Garten-grundstück** ➐ mit dem Wanderzeichen links abzweigen. Es geht nun erst hinab in ein Tälchen, dann nach rechts wieder hinauf zu der **Schutzhütte** ➑ und dem **Waldrand**. Wir gehen geradeaus in den Wald hinein und bis zum nächsten querenden Weg. Ihm folgen wir nach rechts.

Die Wanderung führt auch durch einen dichten Wald.

Im Frühjahr bezaubern die Streuobstwiesen unterwegs.

INFOS

Freizeitkarte LGL
BW 1:50000, F521
»Göppingen«

Wanderkarte
NaturNavi 1:25000,
54-539 »Göppingen
Kirchheim u. T.«

www.goeppingen.de
www.heiningen.de
www.gammels
hausen.de

Hinfahrt: RE5 oder
RB16 bis Göppingen
– Bus 981 – Bus 983
bis Gammelshausen
oder Bus 984 bis
Heiningen Adler
Kreisverkehr;
halbstdl. bis stdl.

Rückfahrt: Göp-
pingen – RE5 oder
RB16; dreimal stdl.

Nach einiger Zeit kommen wir am links liegenden **Wild-gehege** vorbei und wandern bis kurz vor den **Wanderparkplatz Eichert** vor der Eichertstraße. Hier weist uns das Wanderzeichen nach links. Bald stoßen wir aber doch auf die Straße. Etwas nach links versetzt geht es auf der anderen Seite in den Wald hinein. Auf seiner Rückseite gehen wir auf dem Asphaltweg kurz nach rechts, folgen dann aber dem markierten Pfad nach links zum **Steilabfall** hinab nach Göppingen. Wer möchte kann hier noch einen kurzen Abstecher von 100 m nach rechts zum **Aussichtspavillon Kelternkopf** machen.

Ansonsten folgen wir dem markierten Weg nach links hinab. Er verläuft erst auf Treppenstufen, dann wieder als Weg, zu einem großen **Gutshof**. Hier folgen wir der Pappelallee. Nach der Unterquerung der B10 gehen wir noch geradeaus weiter zu den **Parkhäusern** vor der Jahnstraße. Hier werden wir in Richtung »Stadtmitte« nach rechts verwiesen. Wir gehen zwischen den Parkhäusern hindurch, dann auf einer **Brücke** über die Bahngleise. Etwa in der Mitte der Brücke geht es hinab zu den **Bahnsteigen**.

Das Zentrum von Göppingen liegt nördlich der Gleise. Hat man noch Zeit, empfiehlt es sich, dort ein wenig zu bummeln, einzukehren oder eines der Museen zu besichtigen.

Blick auf Göppingen vom Kelternkopf

Museum im Storchen
Erlebe **Stadtgeschichte**

Göppingen
HOHENSTAUFENSTADT

... in der Dauerausstellung und wechselnden Sonderausstellungen mit vielfältigen Veranstaltungen

Städtisches Museum im Storchen
Wühlestraße 36
73033 Göppingen
www.goeppingen.de

Öffnungszeiten
Dienstag - Samstag 13 - 17 Uhr
Sonntag & Feiertag 11 - 17 Uhr

#ErlebedeinGöppingen

Göppingen

Das **Rathaus** in Göppingen wurde nach dem Brand 1782 in den Jahren 1785/86 auch aus Steinen der abgebrochenen Tortürme auf Befehl von Herzog Karl Eugen im Stil des Klassizismus als letztes Gebäude nach dem zweiten Stadtbrand errichtet. Weil der Baugrund morastig und feucht war, mussten über 900 Tannenpfähle in den Boden getrieben werden, um darüber mit einem Bodengerüst aus eichenen Balken ein tragfähiges Fundament für den Neubau zu schaffen.

Das **Adelberger Kornhaus** (heute Stadtbibliothek) gehört zu den wenigen noch erhaltenen mittelalterlichen Gebäuden der Stadt. Auf seiner Westseite sehen wir eine lateinische und mit einem Wappen verzierte Inschrift, die übersetzt heißt: »Um die Früchte aufzubewahren und selbst in harten Zeiten die Brüder von allem Hunger zu schützen, hat Abt Leonhard Dürr, Doktor der Philosophie und beider Rechte, einst diesen Bau errichtet. Ihn hat ans Licht gebracht das Dorf Zell

unter der Botmäßigkeit des Aichel-
bergs, 1514«.

Die spätgotische **Oberhofenkirche**
ist das älteste Gebäude im Stadt-
zentrum. An ihrer Stelle befand sich
ein Mitte des 2. Jahrhunderts n. Chr.
errichteter römischer Gutshof. Sie
hat mit mehreren Vorgängerkirchen
eine reiche Vergangenheit. 1884
bis 1899 ist sie durch die Architek-
ten Beyer und Dolmetsch renoviert
worden. Man sollte um den Bau
herum gehen und den plastischen
Schmuck betrachten. Sehenswert
innen sind ein Fresko von 1490 mit
der wahrscheinlich ältesten Dar-
stellung der Burg auf dem Hohenstaufen, das Holzkruzifix (um 1510),
die Epitaphien im Schiff und der Zil-
lenhardkapelle und das Chorgestühl
aus Tannenholz, ein Einsitz und ein
Herrschaftsstuhl (alles um 1500).

Das **Marstallgebäude** ist ein lang
gestreckte Fachwerkbau mit gotischen Spitzbogenportalen und eines
der ältesten Gebäude der Stadt.
Zwischen ihm und dem Schloss
sieht man den Marstallbrunnen.
Das Renaissanceschloss (1550–1568)
wurde auf Veranlassung von Herzog
Christoph nach Plänen von Aberlin
Tretsch erbaut. Es ist eine Vierflügelanlage mit turmartigen Aufsätzen
an den vier Ecken. Von den beiden
Portalen ist insbesondere das süd-
liche sehenswert, das mit reichem
plastischem Schmuck versehen ist.
Beeindruckend ist die Rebenstiege
im südwestlichen Treppenturm
(1562), bei der 71 von 79 Stufen von

einem in Stein gehauenen Rebstock
überwuchert sind.

Die evangelische **Stadt- und
Schlosskirche** wurde 1618/19 nach
Plänen des Hofarchitekten Heinrich
Schickardt in der Renaissance im
Stil einer evangelischen Predigerkir-
che errichtet. 1908 bis 1910 wurde
die heutige Kirche von Heinrich und
Theodor Dolmetsch im Jugendstil
umgebaut. Der Platz um Schloss und
Kirche erweckt einen liebenswerten
biedermeierlichen Eindruck. Das
Städtische Museum im »Storchen«
wurde 1536 als Stadtschloss der
Reichsfreiherren von Liebenstein er-
baut und diente dem Geschlecht bis
ins 18. Jahrhundert als Witwensitz.

Museen

Städtisches Museum Göppingen im
»Storchen«: Wühlestr. 36.
Exponate aus der Geschichte der
Stadt und der Umgebung.
www.goeppingen.de
Tel. 07161/650191, 686375.

Kunsthalle: Marstallstr. 55.
Hier sieht man Werke der Gegen-
wartskunst.
www.kunsthalle-goeppingen.de
Tel. 07161/650777.

Maerklineum: Reuschstr. 6.
Gezeigt werden Märklinproduktio-
nen von den ersten Modellen bis zur
Gegenwart sowie eine 400 qm große
Modelleisenbahnanlage.
www.marklineum.de
Tel. 07161/608-121

23

Viel Aussicht von der Ruine Staufeneck

Von Süßen nach Salach

Aussichtsreich ist sie, diese Nachmittagswanderung auf der Ostalb. Zum Einen haben wir beim Schlussanstieg zur Burgruine Staufeneck und später auf dem Rückweg einen prächtigen Blick auf das Filstal und zu der »Blauen Mauer« der Albberge dahinter, zum Anderen bietet die Aussicht vom Turm der Burgruine Staufeneck einen ebensolchen Blick, nur noch ein Stück höher und umfassender.

W ir gehen am **Bahnhof** auf seine Nordseite, wo der mit dem blauen Balken markierte Wanderweg abgeht. Dieses Zeichen führt uns jetzt hinauf zur Burgruine und wieder hinab nach Salach.

Zuerst folgen wir der Staufenecker Straße. Vorbei an der bekannten **Kunstgießerei Strassacker** kommen wir zum **Waldrand**, wo wir die mächtige **Dicke Eiche** sehen . Hier zieht der markierte Weg nach rechts in den Wald hinein. Nach etwas Anstieg werden wir an einer Rechtskurve nach links verwiesen . Der Weg schlängelt sich nun mit mäßigem Anstieg am Hang entlang zum Waldrand.

Danach gehen wir zwischen den Wiesen zur **Zufahrtsstraße** zur Ruine und folgen ihr nach rechts hinauf. Wir können bereits jetzt ab und zu zurückblicken, aber diese

🕐 **1¾ Std.**

↦ **5,6 km**

▲ **150 m**

✝ Süßen – Ruine Staufeneck – Salach

👢 Wir wandern auf gut zu gehenden festen Wegen. Anstieg in der ersten Hälfte.

📷 Süßen; Burg Staufeneck; Fachwerkhäuser

🍽 👜 Ruine Staufeneck

Unterhalb der Ruine Staufeneck bietet sich ein herrlicher Blick ins Filstal.

Süßen

Das Ortsbild in Süßen ist bestimmt von Bauten, die nach dem großen Brand von 1707 entstanden sind. Die erst spätgotische, dann barocke Pfarrkirche St. Ulrich erhielt ihren Turm nach einem Brand 1707. An seiner Nordwand befindet sich ein sehenswerter Ölberg mit fast lebensgroßen steinernen Figuren von 1515. Außen sieht man noch ein bronzenes Epitaph und alte Grabsteine. Die Kanzel und das Kruzifix am Altar sind prächtig mit Fruchtgehängen geschmückt.

Im Ortszentrum findet man ein nettes Ensemble mit dem ehemaligen Amtshaus von Ulm (1712), dem daneben stehenden kleinen Häuschen, dem Rathaus und dem Marktbrunnen. Der Brunnen wurde von Emil Jo Homolka hergestellt und erzählt die Geschichte der Stadt. In der Nähe sieht man auch ein riesiges altes Wasserrad. Die Zehntscheuer ist aus Fachwerk mit Backsteinen erbaut. Beim Heimatmuseum befindet sich ein Bauerngarten.

Burg Staufeneck

Die Burg Staufeneck an den Südausläufern des Rehgebirges wurde vermutlich um 1240 von staufischen Gefolgsleuten erbaut und 1257 als

»Stowfinegge« erstmals erwähnt. Die Staufenecker gehörten zu den führenden und reichsten Familien des Reiches und waren mit den Rechbergern und vielleicht mit den Staufern verwandt. Trotzdem verarmten sie im Laufe des 13. Jahrhunderts und 1374 wurden sie zum letzten Mal erwähnt. Um 1500 wurde das sogenannte Neue Schloss angebaut, in dem der berühmte Landsknechtführer Georg von Frundsberg seine Familie während seiner Kämpfe gegen Herzog Ulrich unterbrachte. 1642 wurde die Anlage an einen österreichischen Ritter verkauft. 1826 riss man den Palas teilweise ab, 1828 stürzte ein Teil des Neuen Schlosses ein. Heute ist der beherrschende Teil der aus staufischen Zeiten stammende, 26 m hohe Bergfried aus Buckelquadern.

Schachenmayr-FREIBAD ~Salach~

Badstraße 10
73084 Salach
www.salach.de

Angebote im Schachenmayr-Freibad

- Schwimmer-/Nichtschwimmer-Sportbecken (50 m)
- Nackenduschen
- Kinderbecken mit kindgrechter Sanitäranlage
- Themenspielgerät Abenteuerland
- Doppelschaukel
- Matschplatz für Kinder
- Beach-Volleyballfeld
- Beach-Soccerplatz
- Basketball-Anlage
- Bolzplatz
- Boule-Bahn
- Slacklines
- Freilandschach
- Aquafitnesskurs (kostenlos)
- Liegestühle (gebührenfrei)
- Barrierefreier Eingang
- Kostenlose Parkplätze

Aussicht haben wir auch auf dem Rückweg, wo wir von oben in die weite Landschaft mit dem Panoramablick hinein wandern, als würden wir fliegen.

Vor der Burg können wir zuerst links in den **Parkplatz** hinein gehen und von dort den Blick hinab ins Filstal genießen. Dann durchqueren wir die **Burganlage** ⑤ mit dem Restaurant und steigen hinauf zur Ruine mit dem **Aussichtsturm**. Gegen eine geringe Gebühr können wir ihn besteigen.

Anschließend kehren wir um und wandern nun auf der Zufahrtsstraße hinab nach Salach, das wir anfangs in der

INFOS

Freizeitkarte LGL
BW 1:50 000, F521
»Göppingen«

www.suessen.de
www.salach.de

Hinfahrt: RB16 nach
Süßen – ggf. RE5
bis Plochingen –
RB16 bis Süßen;
zweimal stdl.

Rückfahrt: Salach
– RB16 – ggf. Um-
stieg in Plochingen
– RE5; zweimal
stdl.

*Blick vom Wanderweg
zur Kette der Berge der
Ostalb. Eduard Mörike
hat einen solchen
Anblick der Schwäbi-
schen Alb die »Blaue
Mauer« genannt.*

Staufenecker Straße und vorbei an der Stauferlandhalle, der
Staufeneckschule und verschiedenen Sportplätzen durchqueren. Später folgen wir dem blauen Balken nach links
in die Obere Kirchstraße. Vor dem **Fachwerkhaus** und der
Kirche ❻ halten wir uns rechts und kommen hinab zur
querenden Hauptstraße. Ihr folgen wir nach links. Später
überqueren wir die Wilhelmstraße. Wo links die Weber-
straße abgeht, führt uns je nach unserer Fahrtrichtung ent-
weder der von der Hauptstraße links abgehende Fußweg
zur **Bahnstation Salach** ❼, oder wir unterqueren die Gleise
und gehen auf der anderen Seite hinauf zum Bahnsteig.

Zu den alten Rittern   24

Über den Ödenturm zur Ruine Helfenstein

🕐 1½ Std.

↦ 4,4 km

▲ 190 m

✝
Geislingen an der
Steige/Bahnhof –
Ödenturm – Ruine
Helfenstein – Geis-
lingen an der Steige

Mit Ausnahme der
Strecke durch die
Altstadt wandern
wir auf steilen,
schmalen Steigen.
Bei Feuchtigkeit, Eis
und Schnee können
diese rutschig sein.

📷
Geislingen; Alter
Bau; Kornschreiber-
haus; Ödenturm;
Ruine Helfenstein;
Aussichtspunkt
Lindele; Fachwerk-
häuser

Ruine Helfenstein
(falls geöffnet);
Geislingen; Weiler
ob Helfenstein

*Die Elefanten erinnern
an das Wappentier der
Grafen von Helfenstein.*

Geislingen hat nicht nur eine sehenswerte Altstadt mit prächtigen Fachwerkhäusern zu bieten, sondern mit dem Ödenturm und der Burgruine Helfenstein auch zwei Ziele aus dem Mittelalter, die man mit einer Tour erkunden kann. Mitwandernde Kinder werden sich an der Ruine erfreuen, Erwachsene zudem an der herrlichen Aussicht auf die Stadt und die Täler. Da man am Anfang die gesamte sehenswerte Altstadt durchquert, kann man sich gleich das eine oder andere der historischen Gebäude ansehen.

Wir gehen vor das **Bahnhofsgebäude** ❶ und unter-queren die Bahnhofstraße. Dahinter gehen wir kurz in die Parkstraße, biegen aber gleich links ab in den Notzen-talweg. Danach folgen wir der rechts abgehenden Steingru-bestraße, halten uns aber gleich links in die Moltkestraße. Nach einem Rechtsknick kommen wir zu dem prächtigen Fachwerkbau des **Alten Baus**, in dem ein interessantes Museum untergebracht ist. Auch das davor stehend **Kornschreiberhaus** ist ein sehenswertes Gebäude. Danach zieht die Straße nach links, wir überqueren die Ledergasse und erreichen die querende Karlstraße. Hinter ihr spazieren wir in der Hauptstraße durch die **Fußgängerzone** ❷.

Geislingen an der Steige

Auf dem Weg vom Bahnhof in Geislingen kommt man an einigen sehenswerten Gebäuden vorbei. Man sollte sich die Zeit nehmen, sie unterwegs anzusehen. Da das Museum in Bahnhofsnähe liegt, kann man sich einen Besuch dort auch für nach der Tour vornehmen.

Der **Alte Bau** wurde 1445 von der Reichsstadt Ulm als achtstöckiger Fruchtkasten mit vorkragenden Fachwerkobergeschossen erbaut, um Getreide lagern zu können. Er besitzt ein prächtiges alemannisches Fachwerk mit Verblattungen und Mannkonstruktionen. Auch die Eckpfosten sind Meisterwerke der Zimmermannskunst. Heute sitzen hier das Heimatmuseum Museum im Alten Bau und die Städtische Galerie. Bedeutend sind neben dem stadtgeschichtlichen Bestand die Elfenbeinschnitzerei, archäologische Funde und volkskundliche Objekte, außerdem sitzt hier als eigenständige Abteilung das Südwestdeutsche Schatztruhenmuseum. Tel. 07331/24268.

Das gegenüber stehende **Kornschreiberhaus** ist das älteste Haus Geislingens. Es wurde 1397 über einem bereits bestehenden Gewölbekeller eines älteren Hauses errichtet. 1711 wurde es an der Giebelwand mit barocken Malereien verziert. Seit dem Wiederaufbau 1992 ist es wie früher mit Schilf gedeckt. Das 1351 gestiftete Heilig-Geist-Spital, Ledergasse, umfasst achte Gebäude, von denen noch drei stehen. Haus Nummer 2 auf der linken Seite ist unten aus Tuffstein und oben aus Fachwerk erbaut und war das Viehhaus. Dahinter steht das ehemalige Verwaltungsgebäude des Spitals, das früher sehr reich war und das ökonomische Leben der Stadt mitbestimmte.

Das **Rathaus** wurde 1913 bis 1916 in einer Stilmischung von Jugendstil und Neuer Sachlichkeit erbaut, besitzt Arkaden und ist mit schönen Skulpturen und Reliefs geschmückt. In der Nähe liegt der Bereich der ehemaligen Poststation. Interessante Gebäude dort sind Lange Gasse 4, 5, 12 und 16, zum Teil verputzte Fachwerkhäuser. Nr. 16 war einst die Thurn- und Taxis'sche Poststation. Wenn man am Rathaus vorbei zum Schlossplatz geht, erreicht man das **Schubarthaus** (15. Jh.). Hier gründete Christian Friedrich Daniel Schubart seinen ersten Hausstand und bewohnte es von 1763 bis 1769. Links dahinter sieht man ein Wasserrad. Es wurde 1904 in der MAG Geislingen gebaut und diente bis 1962 als Antrieb für ein Transmissionssystem in einer Holzdreherei. Es wurde als technisches Dokument für die vielen Mühlen, die es früher hier und in der Umgebung gab, aufgestellt. Den Abschluss des Schlossplatzes bildet das 1380 erstmals genannte **Helfensteiner Stadtschloss** der Grafen von Helfenstein. Von 1396 bis 1635 saßen hier die Ulmer Vögte, dann bis 1810 der Eichmeister und der Steuereinzieher.

Der **Forellenbrunnen** erinnert an das berühmte Gedicht von Schubart, das von Franz Schubert vertont wurde und als Forellenquintett bekannt wurde. Das Wasserspiel ist auf das Glockenspiel des Alten Rathauses abgestimmt. Die Elefantenskulpturen erinnern an das Wappentier der Grafen von Helfenstein. Hinter ihm steht das Alte Rathaus, das 1422 als Kauf- und Rathaus an der Stelle erbaut wurde, an der früher die Bäcker und Metzger ihre Verkaufstische aufgestellt hatten. Auf dem Eckturm befindet sich ein Glockentürmchen, an dem außen in zwei Reihen 14 Glocken befestigt sind.

Gegenüber vom Rathaus steht der mächtige **Alte Zoll**, der 1495 anstelle einer Zollstation der Grafen von Helfenstein erbaut wurde. Das siebenstöckige Fachwerkhaus besitzt eine repräsentative Schaufassade mit zusätzlichen, verzierten Holzstützen, Schwäbischer-Mann-Konstruktionen und gotischen Kopf- und Fußbändern. Er befand sich im Besitz der Reichsstadt Ulm. Hier wohnten die Zollbeamten, außerdem diente das Gebäude als Fruchtkasten für die Zehnten und Gülten.

Das Gebäude Hauptstraße 35/37 ist ein prächtiges Bürgerhaus. Das siebenstöckige Gebäude wurde 1453 bis 1456 mit alemannischem Fachwerk erbaut. Das danebenstehende Gebäude des ehemaligen Hotels Post (um 1457) war eine der ältesten und größten Gaststätten der Stadt. Die spätklassizistische Fassade stammt aus dem 18. Jahrhundert. Ab etwa 1750 bis ins 19. Jahrhundert war hier eine Poststation untergebracht.

Ein heimeliges Ensemble finden wir am Kirchplatz. Die 1424 bis 1428 aus Tuffstein erbaute dreischiffige **Stadtkirche** besitzt eine wertvolle Innenausstattung. Ihr Westturm ist 63 m hoch. Im Vorraum sieht man ein schönes Sternengewölbe und zart gearbeitete Strebepfeiler (1467). Sehenswert sind die Portale, der Marien- oder Sebastianaltar des Ulmers Daniel Mauch (1520) im Chor,

das wertvolle Chorgestühl von Jörg Syrlin d. J. (1512), der Levitenstuhl mit dem Reichsadler, dem Geislinger und dem Ulmer Wappen, die aus dem Barock stammende Sakristeitüre (1683) und verschiedene Epitaphien (ab 1471). Auch die reich mit Ornamenten geschmückte Kanzel aus der Spätrenaissance (1621) und das von Gottfried von Stockhausen 1975/76 geschaffene Glasfenster sind sehenswert. Daneben steht das ev. Pfarrhaus/Klause. Es wurde im 15. Jahrhundert auf eine Ecke der Stadtmauer aufgesetzt und ist mit alemannischem Fachwerk geschmückt. Dabei steht ein großes Denkmal für Kaiser Wilhelm I.

Vor einem querstehenden Haus in der Rosenstraße finden wir einige Wanderschilder. Wir werden mit dem Wanderzeichen roter Dreiblock nach links in Richtung »Ödenturm« verwiesen. Gleich darauf überqueren wir die Helfensteinstraße, unterqueren die **Bahnlinie** und wandern in der Straße Brunnensteig weiter. Nach dem **letzten Haus** ❸ zieht der Weg nach rechts in den Wald. An der nächsten Verzweigung halten wir uns links. Nun haben wir auch den ersten Blick von oben auf die 5-Täler-Stadt.

Gleich darauf werden wir noch einmal nach links verwiesen. Nun geht es in Serpentinen hinauf zum **Ödenturm** ❹. Auch wenn er geschlossen ist, haben wir von dem Aussichtsbalkon vor ihm einen prächtigen Blick auf die Stadt. Für Kinder sind bestimmt die ständig fahrenden Züge interessant.

Blick auf Schloss Helfenstein und Geislingen an der Steige

Ödenturm

Der 33,3 m hohe Ödenturm wurde
vermutlich erstmals am Ende der
Stauferzeit aus mächtigen Buckelquadern errichtet. 1420 fanden
nach einer Begehung der Festungs-
baumeister der Städte Straßburg,
Nürnberg und Ulm weitere Bau-
maßnahmen statt. Er war vielleicht
ein Beobachtungsposten oder Teil
der Verteidigungsanlage der Burg
Helfenstein. Seine Mauern sind
unten 2,5 m stark. Der Eingang
lag ursprünglich in 9 m Höhe und
war durch eine Leiter zu erreichen. 1802 kam der Turm von der
Stadt an Bayern, das ihn abbre-
chen wollte. Auf Bitten der Geislinger Bürger wurde er jedoch als
»Wahrzeichen der Gegend« stehen
gelassen. Acht Jahre später ging er
an Württemberg über, 1823 kam
er durch Tausch an Geislingen.

Öffnungszeiten:
Mai–Oktober, sonntags 10–17 Uhr.

Ruine Helfenstein

Die um 1100 erstmals genannte
Ruine Helfenstein gehörte erst
den Grafen von Helfenstein, die
im 14. Jahrhundert mit Besitzun-
gen um Geislingen, Heidenheim,
Blaubeuren und Wiesensteig eines
der größten und geschlossensten
Territorien im ansonsten recht zer-
splitterten Südwestdeutschland
besaßen. Die Helfensteiner waren
anfangs eng mit den Staufern verbunden und Gottfried von Spitzen-
berg-Helfenstein war lange Jahre

Kanzler von Kaiser Friedrich I.
Barbarossa und Bischof von Würz-
burg. In der Karwoche 1552 wurde
die Burg im Markgrafenkrieg von
Markgraf Albrecht Alkibiades von
Brandenburg-Kulmbach ohne Be-
lagerung durch einen Trick einge-
nommen. Er schickte nämlich einen
Trompeter und drei Mann auf die
Festung mit der Zusage, dass er
abziehen würde. Als die Besatzung
daraufhin ihre Kriegsvorbereitun-
gen einstellte, überrumpelte er sie.

Danach gehen wir am Turm vorbei. Oberhalb orientieren wir uns am **Wegweiser** in Richtung »Weiler ob Helfenstein / Ruine Helfenstein«. Etwas später zweigen wir links ab und kommen hinab in einen **Taleinschnitt**, dahinter geht es wieder etwas hinauf nach **Weiler ob Helfenstein 5**. An der Querstraße im Dorf orientieren wir uns links, an der nächsten Kreuzung ist »Ruine Helfenstein« mit dem Wanderzeichen rote Raute angezeigt.

Kurz darauf werden wir bei **Haus Nr. 27** nach rechts auf einen Pfad verwiesen. An der nächsten Verzweigung kann man links oder rechts zur »Ruine Helfenstein« gelangen. Wir halten uns aber links an den abwärts führenden Weg. Bald erreichen wir den Anfang der **Burganlage 6**. Nach der Brücke weist ein Zeichen nach links nach »Geislingen«, hier gehen wir später hinab. Zuerst sollten wir aber die Ruine mit ihren vielen Aussichtspunkten besichtigen.

Anschließend folgen wir dem genannten Weg am Anfang der Anlage. Er führt uns erst unterhalb der **Burgmauern** entlang, dann geht es durch einen längeren **Tunnel** zu einem querenden Pfad. Hier halten wir uns links.

Nach etwas Bergab kommen wir zu einem breiten Forstweg, wo wir uns rechts halten. Vor uns sehen wir die mächtige Linde am **Aussichtspunkt Lindele** ❼.

Wir gehen rechts an der Anlage vorbei. Nun kommen wir
an einigen **Informationstafeln** zur Geologie der Umgebung

INFOS

Freizeitkarte LGL
BW 1:50 000, F521
»Göppingen«

Wanderkarte
NaturNavi 1:25 000,
56-539 »Geislingen
an der Steige«

www.geislingen.de

Hinfahrt: RE5 oder
RB16 bis Geislingen
an der Steige; drei-
mal stdl.

Rückfahrt: RE5 oder
RB16 ab Geislingen
an der Steige; drei-
mal stdl.

*Von der Ruine
Helfenstein hat man
eine weite Aussicht
auf die Stadt und
durch das Filstal.*

vorbei. Nach dem **ersten Haus** von Geislingen und der kleinen **Grünanlage** mit der Tafel »Fernverkehr durch Geislingen an der Steige« wandern wir weiter bergab. Bald weist
uns ein Schild nach links. Wir überqueren die Bahngleise
zum **Bahnhof**, wo wir unsere Rückfahrt antreten.

Bildnachweis

Titelbild: auremar, stock.adobe.com
4/5, 6, 7, 8 oben, 11, 35, 59, 79, 103: VVS/Dirk Kittelberger
22, 23: SSB AG
122/123, 125: I, Wildfeuer, CC BY-SA 3.0 <https://creativecommons.org/licenses/by/sa/3.0>,
    via Wikimedia Commons
124: Veit Feger, Wikimedia Commons, Public Domain
127: Wrmulf, CC BY-SA 3.0, <https://creativecommons.org/licenses/by-sa/3.0>, via
    Wikimedia Commons
Alle anderen Fotos: Dieter Buck

Titel: GENIESSERTOUREN FÜR AUSGESCHLAFENE
                     IN DER REGION STUTTGART
Untertitel: 24 entspannte Ausflüge mit dem VVS

Autor: Dieter Buck
Herstellung: verlag regionalkultur
Satz: post scriptum, Hüfingen
Umschlaggestaltung: post scriptum, Hüfingen
Lektorat: Moritz Noll, vr

ISBN 978-3-95505-232-4

Bibliografische Information der Deutschen Bibliothek:
Die Deutsche Bibliothek verzeichnet diese Publikation in der
Deutschen Nationalbibliografie; detaillierte Daten sind im Internet
über http://dnb.de abrufbar.

Diese Publikation ist entsprechend den Frankfurter Forderungen
auf alterungsbeständigem und säurefreiem Papier (TCF nach ISO 9706)
gedruckt.

Verlag Regionalkultur GmbH & Co KG
Heidelberg · Ubstadt-Weiher · Stuttgart · Speyer · Basel
Bahnhofstraße 2 · 76698 Ubstadt-Weiher
Tel. 07251 36703-0 · Fax 07251 36703-29
E-Mail kontakt@verlag-regionalkultur.de
Internet www.verlag-regionalkultur.de